# 김수환 구문독해
# Signature Plus

STEP 2

김수환 편저

# PREFACE

## 머리말

시중에 출시되는 상당수의 구문독해 교재는 단순한 '번역 훈련'에만 치중되어 있다. 외국어를 학습하기 위해서는 물론 이런 1차원적인 번역 훈련도 분명히 필요하다. 하지만, 독해라는 것은 궁극적인 목표가 따로 있다는 점을 잊어서는 안 된다. 그것은 바로 '자신만의 언어로 이해'하는 것이다. 타겟 언어(target language)를 이해한다는 것은 청자나 독자에게 전달되는 메시지의 '속뜻(=의도)'을 이해한다는 것이다. 그러나 우리나라 영어교육에서는 이런 훈련을 할 만한 수업이나 교재가 전무하다. 이런 문제점을 보완하기 위해서 <2024 김수환 구문독해 Signature Plus>를 출간하게 되었다. 이 교재는 구문독해 Signature에서 배웠던 1차원적인 번역에 초점을 두는 것을 넘어서, 필자의 핵심 메시지를 파악하는 것에 초점을 둔 교재이다.

### PART 01  고난도 구문독해 훈련

[PART 01]에서는 구문독해 Signature에서 배웠던 내용을 바탕으로, 150개의 문장을 통해 실전 훈련을 진행한다. 구문독해 Signature와 달리 목차별로 구성되어 있지 않고 대체적으로 긴 문장으로 이루어져 있어, 구문독해에 대한 기본 개념이 갖춰진 수험생이나 재시생들에게 최적화된 파트이다.

### PART 02  재진술 사고 훈련

[PART 02]에서는 주어진 문장을 적절하게 재진술하는 훈련을 한다. 재진술(paraphrasing)이란 작문(composition)에서는 '말 바꿔쓰기' 혹은 '표현 바꿔쓰기' 정도로 정의하면 되지만, 독해(reading)에서는 '자신만의 언어로 쉽게 풀어내기(thinking in your own words)'라고 정의하는 것이 더 타당하다. 안타깝게도 많은 학생들은 철학적이고 추상적인 글을 읽을 때 너무 당황해서

혹은 귀찮아서(?) 생각하기를 거부한다. 하지만, 생각도 부단히 연습하면 분명히 는다! 독해는 절대! 단순히 읽고 해석하는 과정이 아니다. 글을 쓴 작가와 대화하며 끊임없이 상호작용하는 과정이다. 그런 상호작용을 성공적으로 하기 위해서는 독해를 할 때 자신의 경험이나 배경지식을 동원하면서 자신만의 언어로 쉽게 풀어내며 글을 쓴 작가(author)와 대화하는 것이 매우 중요하다.

## PART 03 논리적 사고 훈련

[PART 03]에서는 '주관적 재구성'을 '박멸'하는 훈련을 한다. 주관적 재구성이란 특정 글을 읽고 자신의 생각에 너무 빠진 나머지, 정답을 주관적 판단에 입각해서 정답을 도출하는 습관을 말한다. 예를 들어, 주관적 재구성에 능숙(?)한 사람은 repetitive routines(반복적인 일상)이라는 말을 지문에서 마주치면, "이거, negative한 의미네."라고 단정 짓는다. 글을 읽을 때는 머릿속을 비워야 한다. 정답의 근거는 여러분 머릿속이 아니라, 지문 안에 있다는 것을 절대 잊으면 안 된다. 객관적인 단서를 기반으로 정답을 도출하도록 유도하기 위해서 선지를 모두 없앴다. 철저히 지문의 내용을 기반으로 해서 주관식으로 정답을 도출하는 훈련을 통해, 여러분의 주관이 개입되는 것을 원천적으로 봉쇄하도록 할 것이다.

신개념 구문독해 교재인 <2024 김수환 구문독해 Signature Plus>를 통해 합격에 한 발짝 다가가길 진심으로 기원하며...

공단기 영어강사
김수환

# STRUCTURE

# 구성 및 특장점

### PART 01 / 고난도 구문독해 훈련

추상적이고 관념적인 내용의 문장, 30개 이상의 단어로 이루어진 긴 문장, 구조가 상당히 복잡한 문장을 해석하는 연습을 할 수 있습니다.

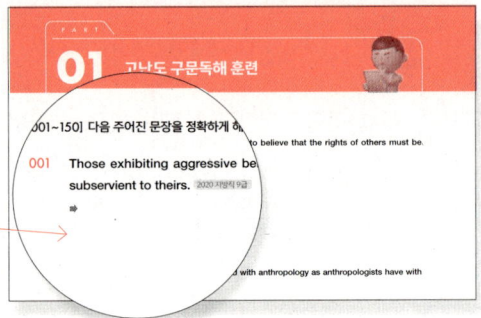

### PART 02 / 재진술 사고 훈련

주어진 문장에 대해 적절하게 재진술하는 연습을 함으로써, 영어 독해에 가장 필요한 '자신만의 언어로 쉽게 풀어내기'에 익숙해질 수 있습니다.

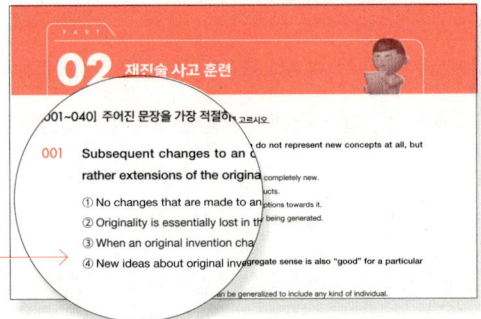

### PART 03 / 논리적 사고 훈련

주관이 개입되는 것을 막고, 객관적인 단서만을 기반으로 정답을 도출하는 연습을 할 수 있습니다. 선지를 먼저 보지 않고, 철저히 지문의 내용으로만 주관식으로 정답을 찾아낼 수 있도록 훈련합니다.

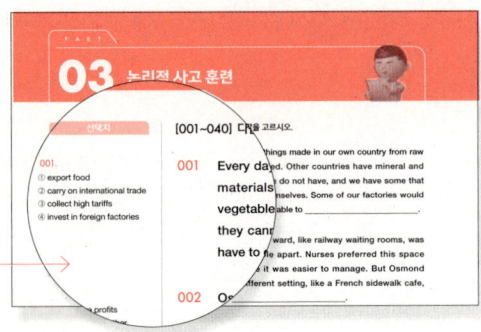

# CONTENTS

# 차례

**PART 01** | 고난도 구문독해 훈련

001~150 ........................................... 008

**PART 02** | 재진술 사고 훈련

001~040 ........................................... 088

**PART 03** | 논리적 사고 훈련

001~040 ........................................... 120

2024 김수환 구문독해 Signature Plus

# PART 01

## 고난도 구문독해 훈련

# PART 01 고난도 구문독해 훈련

[001~150] 다음 주어진 문장을 정확하게 해석해 보시오.

**001** Those exhibiting aggressive behavior seem to believe that the rights of others must be subservient to theirs. 2020 지방직 9급

➡

**002** Philosophers have not been as concerned with anthropology as anthropologists have with philosophy. 2020 지방직 9급

➡

**003** Among topics we discussed over lunch was the regrettable habit film directors then had of altering the plot of a novel to suit themselves, to the extent of changing a sad ending into a happy one.

➡

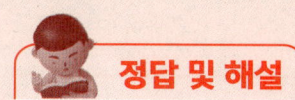 정답 및 해설

**001** Those (exhibiting aggressive behavior) seem to believe / that the rights of others must be subservient to theirs.

전문번역 공격적인 행동을 보이는 사람들은 다른 사람들의 권리가 그들의 권리에 복종해야 한다고 믿는 것 같다.

중요어휘 exhibit 보여주다  aggressive 공격적인  be subservient to ~에 복종하다

▶ those를 지시형용사로 보느냐 지시대명사로 보느냐가 번역과 반역의 길을 결정하게 된다. those가 지시형용사로 사용된다면 반드시 복수명사가 이어져야 한다(ex. those behaviors). 하지만, 이 문장에서는 단수명사 behavior가 위치한 것으로 보아, those는 대명사이며 '사람들'이라는 의미로 해석해야 한다. 그리고 exhibiting은 those를 수식하는 현재분사로 사용된다. 따라서, Those exhibiting aggressive behavior seem 부분은 후치수식 구조로 해석해야 한다.

▶ that 이하는 believe의 목적어이다.

▶ 소유대명사는 '소유격+명사'의 줄임말이다. theirs는 their rights의 줄임말이기 때문에 '그들의 권리'라고 해석해야 한다.

**002** Philosophers have not been as concerned with anthropology / as anthropologists have (been concerned) with philosophy.

전문번역 철학자들은 인류학자들이 철학에 가지고 있는 것만큼 인류학에 관심을 가지지 않았다.

중요어휘 philosopher 철학자  be concerned with ~에 관심을 가지다  anthropology 인류학
anthropologist 인류학자

▶ as ~ as 구문 때문에 be concerned with가 잘 안 보일 수 있음에 유의하자.

▶ as ~ as 구문은 앞에 위치한 as는 해석하지 않고, 뒤에 위치한 as를 '~만큼'이라고 해석한다.

▶ 여기서 been concerned는 반복되는 어구이기 때문에 생략되었다.

**003** (Among topics) (we discussed over lunch) was the regrettable habit (film directors then had) (of altering the plot of a novel) / to suit themselves, / to the extent of changing a sad ending into a happy one.

전문번역 우리가 점심식사를 하면서 토론한 화제들 중에 슬픈 결말을 행복한 결말로 바꿀 정도로 영화 감독이 영화에 맞추기 위해서 원 소설의 구성을 바꾸는 유감스러운 습관이 있었다.

중요어휘 discuss over ~을 하면서 토론하다  regrettable 유감스러운  alter 바꾸다  plot 줄거리
novel 소설  suit 적합하게 맞추다  change A into B A를 B로 바꾸다

▶ of 이하의 전명구는 선행명사인 habit을 수식한다.

▶ to the extent of는 '~하는 정도까지'라는 의미이다.

PART 01 | 고난도 구문독해 훈련  9

004   The rate at which the sands dissolve was strongly related to the acidity of the overlying seawater, and was ten times more sensitive than coral growth to ocean acidification.

2020 지방직 9급

➡

005   Teens from lower income families are more than twice as likely to be "not at all concerned" as those from higher income households about third parties accessing their personal information.

➡

006   I think no one else is so much to be pitied as the person who gets nothing at all out of his work but his pay.

➡

007   Listening to somebody else's ideas is the one way to know whether the story you believe about the world — as well as about yourself and your place in it — remains intact.

2020 지방직 9급

➡

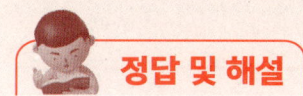

# 정답 및 해설

**004** The rate (at which the sands dissolve) was strongly related to the acidity of the overlying seawater, / and was ten times more sensitive than coral growth to ocean acidification.

- be related to는 '~와 연관/관련이 있다'라는 의미이다.
- 해당 전치사 to는 앞에 있는 sensitive에 걸려 있다는 것을 파악해야 해석이 수월해진다. 그러나, than coral growth라는 부사구 때문에 문장 구조 파악이 쉽지 않다.

**전문번역** 모래가 녹는 속도는 덮여 있는 바닷물의 산성과 밀접한 관계가 있으며, 산호의 성장보다 해양의 산성화에 10배나 더 민감했다.

**중요어휘** rate 속도  dissolve 녹다  acidity 산성  overlie ~의 위에 놓이다
be sensitive to ~에 민감하다  coral growth 산호의 성장
ocean acidification 해양의 산성화

**005** Teens (from lower income families) are more than twice as likely to be "not at all concerned" as those (from higher income households) (about third parties) (accessing their personal information).

- more than이나 over는 '~이상'을 의미한다.
- be likely to RV는 '~할 것 같다'라는 의미로 '추측'할 때 사용한다.
- '배수표현+as ~ as'에서 두 번째 as는 '~보다'라고 해석한다.
- 대명사로서 앞서 언급되던 teens를 받는다.
- 여기서 전치사 about은 앞에 있는 concerned에 걸린다.

**전문번역** 수입이 더 많은 가정 출신보다 수입이 더 적은 가족 출신의 십대들은 제삼자가 개인 정보에 접근하는 것에 대해서 '전혀 걱정하지 않는' 가능성이 두 배보다 더 많다.

**중요어휘** income 소득  be concerned about ~에 대해 걱정하다  third party 제 삼자
access 접속하다

**006** I think (that 생략) no one else is so much to be pitied as the person (who gets nothing at all) (out of his work) (but his pay).

- no so ~ as …는 '…만큼 ~한 것은 없다'라고 해석한다.
- but은 전치사로 사용되고 있으며 '~을 제외하고'라고 해석된다.

**전문번역** 나는 자신의 일로부터 월급 외에 얻는 것이 아무것도 없는 사람만큼 불쌍한 사람은 없다고 생각한다.

**중요어휘** pity 불쌍하게 여기다

**007** Listening to somebody else's ideas / is the one way / to know / whether the story (you believe about the world) — as well as about yourself and your place in it — remains intact.

- 여기서 명사절을 이끄는 whether는 know의 목적어 역할을 수행하고 있다.

**전문번역** 다른 사람들의 생각을 듣는 것은 당신과 세상에서의 당신의 위치뿐만 아니라, 당신이 세상에 관해서 믿는 이야기가 온전한지 아는 한 가지 방법이다.

**중요어휘** place 장소, 위치  intact 손상받지 않은

008 Reports suggest that by 2040 the impacts of human-caused climate change will be inescapable, making it the big issue at the centre of art and life in 20 years' time. 2020 지방직 9급
➡

009 In the future, once we've become weary of our lives being visible online for all to see and our privacy has been all but lost, anonymity may be more desirable than fame. 2020 지방직 9급
➡

010 Martin Luther noted that nothing on earth is so well suited to make the sad merry, the merry sad, to give courage to the despairing, to make the proud humble, and to lessen envy and hate, as music.
➡

011 When the Dalai Lama fled across the Himalayas into exile in the face of advancing Chinese troops, little did the youthful spiritual leader know that he might never see his Tibetan homeland again.
➡

## 정답 및 해설

**008** Reports suggest / that (by 2040) the impacts (of human-caused climate change) will be inescapable, / making it the big issue (at the centre of art and life) (in 20 years' time).

→ 문미분사로, 선행하는 절의 결과를 나타낸다.
→ 여기서 대명사 it은 human-caused climate change를 지칭한다.

**전문번역** 보고에 따르면 2040년까지 인간으로 인해 생긴 기후 변화의 영향은 피할 수 없으며, 20년 뒤의 예술과 삶의 중심에서 큰 쟁점이 될 것이라고 말한다.

**중요어휘** human-caused 인간에 의해 야기된  inescapable 피할 수 없는

**009** (In the future), once we've become weary of our lives / being visible online for all to see / and our privacy has been (all but) lost, / anonymity may be more desirable / than fame.

→ 접속사 once는 '일단 ~하게 되면'이라고 해석한다.
→ 여기서 being은 동명사이며 바로 앞에 위치한 our lives는 동명사의 의미상의 주어이다. 따라서, '우리의 삶이 온라인에서 보여지는 것'이라고 해석해야 한다.
→ 부사로 사용된 부정사 to see 앞에 있는 for all은 부정사의 의미상의 주어이다. 따라서, '모두가 볼 수 있도록'이라고 해석해야 한다.
→ all but은 '거의'라는 의미이다.

**전문번역** 미래에, 우리가 모두에게 온라인으로 보여지는 우리의 삶에 지치게 되고 우리의 사생활이 거의 없어지면, 명성보다 익명성이 더 바람직하게 될지도 모른다.

**중요어휘** be weary of ~에 지치다  all but 거의  anonymity 익명성  fame 명성

**010** Martin Luther noted / that nothing (on earth) is so well suited / to make the sad merry, the merry sad, / to give courage to the despairing, / to make the proud humble, and / to lessen envy and hate, as music.

→ 'the+형용사'는 복수명사로 처리하여 '~하는 사람들'이라고 해석한다.
→ no so ~ as …는 '…만큼 ~한 것은 없다'라고 해석한다.

**전문번역** Martin Luther는 음악만큼 슬픈 사람들을 기쁘게 만들고, 기쁜 사람들을 슬프게 만들고, 절망한 사람들에게 용기를 주고, 거만한 사람들을 겸손하게 만들고 시기와 증오를 줄여주는 것은 지구상에 없다고 말했다.

**중요어휘** suited 적합한  merry 즐거운  courage 용기  despair 절망하다  proud 자만한  humble 겸손한  lessen 줄여주다  envy 시기, 질투

**011** When the Dalai Lama fled across the Himalayas into exile in the face of advancing Chinese troops, / little did the youthful spiritual leader know / that he might never see his Tibetan homeland again.

→ 부정부사 little 뒤에 이어지는 절이 의문문 어순으로 도치되었다.

**전문번역** Dalai Lama가 전진하는 중국의 군대를 직면하여 히말라야 산맥을 가로질러 망명을 떠났을 때, 그 젊은 영적 지도자(Dalai Lama)는 자신의 티벳 고국을 다시는 못 볼지도 모른다는 사실을 거의 알지 못했다.

**중요어휘** flee 도망가다  exile 망명  in the face of ~을 직면하여  spiritual 영적인  homeland 고국

012　Work has caused burnout, unhappiness and gender inequity, as people struggle to find time for children or passions or pets or any sort of life besides what they do for a paycheck.

2020 국가직 9급

➡

013　Past research has shown that experiencing frequent psychological stress can be a significant risk factor for cardiovascular disease, a condition that affects almost half of those aged 20 years and older in the United States. 2020 국가직 9급

➡

014　The cruel sights touched off thoughts that otherwise wouldn't have entered her mind.

2020 지방직 9급

➡

015　Most helpful to the calm and peaceful atmosphere that the two-year-old child needs but cannot produce for himself/herself is the presence of comforting music.

➡

## 정답 및 해설

**012** Work has caused burnout, unhappiness and gender inequity, / as people struggle to find time / for children or passions or pets or any sort of life (besides what they do for a paycheck).

→ 전치사 besides는 '~ 이외에'라는 의미이다.

**전문번역** 일은 사람들이 아이들, 취미, 반려동물 또는 그들이 돈을 벌기 위해 하는 것 이외에 어떠한 삶을 위한 시간을 찾는 데 어려움을 겪으면서 극도의 피로, 불행, 그리고 남녀 불평등을 초래해왔다.

**중요어휘** gender inequity 남녀 불평등  besides ~ 이외에

**013** Past research has shown / that experiencing frequent psychological stress can be a significant risk factor (for cardiovascular disease), a condition (that affects almost half of those / aged 20 years and older in the United States).

→ cardiovascular disease에 대한 동격설명이다.
→ 과거분사로 사용되었다.

**전문번역** 이전의 연구는 빈번한 심리적 스트레스를 경험하는 것이 미국에서 20세 이상인 사람들의 거의 절반에게 발생하는 질환인 심혈관 질환의 주요 위험 요소가 될 수 있음을 보여 왔다.

**중요어휘** psychological 심리적인  cardiovascular disease 심혈관 질환  risk factor 위험 요인

**014** The cruel sights touched off thoughts (that otherwise wouldn't have entered her mind).

→ otherwise는 '그렇지 않다면'이라는 의미이며, 가정의 상황에 사용된다. 문맥상 otherwise는 without the cruel sights를 의미하기 때문에 '그 잔인한 장면이 없었더라면'이라고 해석하는 것이 좋다.

**전문번역** 그 잔인한 광경은 그렇지 않았다면(잔인한 광경이 없었더라면) 그녀의 마음속에 들어오지 않았을 생각을 불러일으켰다.

**중요어휘** touch off 촉발시키다  cruel 잔인한  sight 광경, 모습

**015** Most helpful (to the calm and peaceful atmosphere) (that the two-year-old child needs / but cannot produce for himself/herself) is the presence (of comforting music.)

→ '형용사+V+S' 구조로 도치된 문장이다.

**전문번역** 두 살짜리 아이가 필요로 하지만 스스로 만들어낼 수 없는 고요하고 평화로운 분위기에 가장 도움이 되는 것은 편안한 음악이다.

**중요어휘** atmosphere 분위기  for oneself 스스로  presence 존재  comfort 위로하다

016   Although the Europeans may have practiced slavery on the largest scale, they were by no means the only people to bring slaves into their communities: earlier, the ancient Egyptians used slave labor to build their pyramids, early Arab explorers were often also slave traders, and Arabic slavery continued into the twentieth century and indeed still continues in a few places.
➡

017   He made a note of this unusual phenomenon, but thought no more of it until several weeks later when he read stories in the newspapers about people in automobile accidents who were badly hurt by flying windshield glass. 2020 국가직 9급
➡

018   To make matters worse, the lure of making extra money has inspired many homeowners in Old Town to turn over their places to Airbnb, making the walled portion of town one giant hotel. 2020 국가직 9급
➡

019   Nearly all societies at nearly all times had a leisure class, a class of persons who were exempt from toil.
➡

## 정답 및 해설

**016** Although the Europeans may have practiced slavery on the largest scale, / they were (by no means) the only people (to bring slaves into their communities): earlier, the ancient Egyptians used slave labor / to build their pyramids, early Arab explorers were often also slave traders, and Arabic slavery continued into the twentieth century and indeed still continues in a few places.

→ by no means는 '결코 ~하지 않다'를 의미하는 부사구이다.

→ continued와 continues는 병렬관계이다.

**전문번역** 유럽인들이 노예 제도를 가장 대규모로 시행했을지라도, 그들은 결코 그들의 지역 사회에 노예를 데려온 유일한 사람들이 아니었다. 일찍이 고대 이집트인들은 노예 노동을 그들의 피라미드를 건설하는 데 사용했고, 초기 아랍 탐험가들은 종종 노예 무역상이었으며, 아랍 노예 제도는 20세기까지 계속되었고, 실제로 몇몇 곳에서는 아직도 유지되고 있다.

**중요어휘** practice 실행하다   slavery 노예제도   on the large scale 대규모로   slave labor 노예 노동력

**017** He made a note of this unusual phenomenon, / but thought no more of it / until several weeks later / when he read stories in the newspapers about people in automobile accidents / who were badly hurt by flying windshield glass.

→ think of는 '~에 대해서 생각하다'라는 의미인데, 중간에 위치한 부사구 no more 때문에 동사구 think of가 잘 안 보일 수 있다.

→ when은 앞에 시간표현이 나왔을 때 '바로 그때'라고 해석하면 훨씬 자연스럽다.

**전문번역** 그는 이 특이한 현상을 기록했지만, 그 현상에 대해 몇 주가 지날 때까지도 생각하지 않고 있었다. 바로 그때 차 사고로 (운전자를 향해) 날아오는 차 앞유리 창문에 의해 심하게 다친 사람에 대한 기사를 읽게 되었다.

**중요어휘** unusual 특이한   windshield glass 앞유리 창문

**018** To make matters worse, the lure (of making extra money) has inspired many homeowners in Old Town to turn over their places to Airbnb, making the walled portion of town one giant hotel.

→ '설상가상으로'라는 의미의 관용표현이다.

→ 구동사 turn over A to B는 'A를 B에게 넘기다/양도시키다'라는 의미이다.

→ 완전한 문장 뒤에 위치한 분사구문으로, '결과'를 나타낸다.

**전문번역** 설상가상으로, 추가 수입을 창출하려는 유혹이 Old Town의 많은 집주인들이 그들의 집을 에어비앤비로 바꾸도록 했고, 시내의 벽으로 된 부분을 하나의 큰 호텔로 만들었다.

**중요어휘** to make matters worse 설상가상으로   lure 유혹   inspire 영감을 주다   turn over 넘기다

**019** Nearly all societies (at nearly all times) had a leisure class, a class of persons (who were exempt from toil).

→ 선행하는 명사인 leisure class에 대한 동격/부연설명이다.

**전문번역** 거의 모든 시대에 거의 모든 사회에는 여가 계층이 있었는데, 이 계층의 사람들은 힘든 노동으로부터 면제받았다.

**중요어휘** be exempt from ~로부터 면제받다   toil 노동

**020** Assertive behavior involves standing up for your rights and expressing your thoughts and feelings in a direct, appropriate way that does not violate the rights of others. 2020 지방직 9급

➡

**021** A pet dog has difficulty distinguishing between the colors green, yellow and orange and between red and orange, due to the fact that dogs lack *green cones in the retina of their eyes, one of the three **photopigments needed to perceive the full color spectrum available to humans and other primates.

*green cones: 녹색원뿔세포    **photopigment: 광색소

➡

**022** Warming temperatures and loss of oxygen in the sea will shrink hundreds of fish species — from tunas and groupers to salmon, thresher sharks, haddock and cod — even more than previously thought, a new study concludes. 2021 국가직 9급

➡

**023** Because this service is, quite literally, manual labor, only marginal improvements in productivity are possible. 2021 국가직 9급

➡

## 정답 및 해설

**020** Assertive behavior involves standing up for your rights and expressing your thoughts and feelings (in a direct, appropriate way) (that does not violate the rights of others).

→ standing ~과 expressing은 병렬관계이다.

**전문번역** 확신에 찬 행동은 타인의 권리를 침해하지 않는 직접적이고 적절한 방식으로 당신의 권리를 옹호하고 당신의 생각과 감정을 표현하는 것을 포함한다.

**중요어휘** assertive 확신에 찬  stand up for ~을 옹호하다  appropriate 적합한  violate 위반하다

**021** A pet dog has difficulty distinguishing (between the colors green, yellow and orange) and (between red and orange), (due to the fact that dogs lack green cones in the retina of their eyes), one of the three photopigments (needed to perceive the full color spectrum) (available to humans and other primates).

→ have difficulty ~ing는 '~하는 데에 어려움을 겪다'라고 해석하는 동명사 관용표현이다.
→ 선행하는 추상명사(fact)가 있고 완전한 문장이 이어지는 것으로 보아, 동격의 that이다.
→ green cones에 대한 동격/부연설명이다.
→ 동사가 아닌 과거분사이다.

**전문번역** 애완견은 인간과 다른 영장류가 이용할 수 있는 전체 색의 스펙트럼을 인지하는 데 필요한 세 가지 광색소 중의 하나인, 눈의 망막에 있는 녹색 원뿔세포가 부족하다는 사실 때문에, 녹색, 노란색 그리고 주황색을 구별하는 것과 빨간색과 주황색을 구별하는 데 어려움이 있다.

**중요어휘** distinguish 구분하다, 구별하다  retina 망막  perceive 인지하다  spectrum 스펙트럼, 범위  primate 영장류

**022** Warming temperatures and loss of oxygen in the sea will shrink hundreds of fish species — from tunas and groupers to salmon, thresher sharks, haddock and cod — even more than previously thought, a new study concludes.

→ 선행하는 hundreds of fish species에 대한 부연설명으로, 구체적인 물고기 어종들을 상세하게 나열하고 있다.
→ 여기에서 even more는 동사인 shrink를 수식하기 때문에 '훨씬 더 크기를 감소시킬 것이다'라고 붙여서 해석해야 한다.
→ a new study concludes는 문장 제일 앞에 위치해도 상관없다.

**전문번역** 해양의 온난화와 산소 손실이 참치와 농어에서 연어, 환도상어, 해덕, 대구까지 수백 종의 어종을 이전에 생각했던 것보다 더 많이 크기를 감소시킬 것이라고 새로운 연구는 결론 내렸다.

**중요어휘** shrink 크기를 감소시키다  hudreds of 수백의  fish species 물고기종

**023** Because this service is, quite literally, manual labor, / only marginal improvements (in productivity) are possible.

→ 이 부분은 접속사 because가 이끄는 부사절이다.
→ quite literally는 동사와 주격보어 사이에 들어간 삽입어구이다.

**전문번역** 이 서비스는 말 그대로 수작업이기 때문에, 생산성에 있어서 미미한 개선만이 가능하다.

**중요어휘** literally 문자 그대로  manual labor 육체노동, 수작업  marginal 미미한  improvement 개선

**024** That said, many species, while falling far short of human language, do nevertheless exhibit impressively complex communication systems in natural settings. 2021 국가직 9급

➡

**025** His army was outnumbered almost two to one. 2016 지방직 9급

➡

**026** Phil Jackson says that it is this contribution, Jordan's ability to help his teammates be better players, more than his superb athletic talent that has made the Chicago Bulls the world's winningest basketball team.

➡

**027** During his meeting with the presidential aides last Monday, the President called for those present to open more communication channels with the public. 2021 지방직 9급

➡

### 정답 및 해설

**024** That said, many species, while falling far short of human language, do (nevertheless) exhibit impressively complex communication systems (in natural settings).

- 부사로 '그렇긴 하지만'이라는 의미이다.
- while they fall far short of human language를 축약한 분사구문이다.
- 강조를 나타내는 조동사 do이다.

전문번역 그렇긴 하지만, 많은 종들은, 인간의 언어에는 크게 못 미치지만, 그럼에도 불구하고 자연환경에서 인상적일 정도로 복잡한 의사소통 체계를 보여준다.

중요어휘 that said 그렇긴 하지만  fall short of ~이 부족하다  exhibit 보여주다  setting 환경

**025** His army was outnumbered / almost two to one.

- outnumber는 '~보다 수가 많다'라는 의미인데, 수동태(be outnumbered)가 되면 '주어가 수적 열세이다'를 의미하게 된다.

전문번역 그의 군대는 거의 2대 1로 수적 열세였다.

중요어휘 outnumber ~보다 수가 많다

**026** Phil Jackson says / that it is this contribution, Jordan's ability (to help his teammates be better players), (more than his superb athletic talent) that has made the Chicago Bulls the world's winningest basketball team.

- help는 'help+O+(to)RV'의 구조로 쓰인다.
- it ~ that 강조구문이다.

전문번역 Phil Jackson은 Chicago Bulls를 세계 최다 우승 농구팀으로 만들어 온 것은 운동선수로서의 최고의 재능 이상의 이런 공헌, 즉 팀 동료가 더 좋은 선수가 되도록 돕는 Jordan의 능력이라고 말한다.

중요어휘 contribution 기여  superb 최고의, 최상의  talent 재능  winning 우승한, 승리한

**027** (During his meeting) (with the presidential aides) (last Monday), the President called for those (present) to open more communication channels with the public.

- 형용사 present는 선행명사인 those를 수식하여 '참석한 사람들'이라고 해석한다.
- to 이하는 call for에 걸리는 구조이다. call for somebody to do something은 '누군가에게 ~하도록 요구하다'라는 의미이다.

전문번역 지난 월요일 대통령 보좌관과의 첫 회의에서, 대통령은 참석자들에게 국민들과의 더 많은 소통 채널을 개설할 것을 요청했다.

중요어휘 aide 보좌관  call for 요청하다

028  Environmental activists frustrated with the UK government's inability to rapidly accelerate the growth of renewable energy industries have formed the Westmill Wind Farm Co-operative, a community-owned organization with more than 2,000 members who own an onshore wind farm estimated to produce as much electricity in a year as that used by 2,500 homes. 2021 지방직 9급

➡

029  Surviving texts like his Physics, Metaphysics, and Meteorology provided scholars with the logical tools to understand the forces that created the natural world. 2021 지방직 9급

➡

030  A glance at the map is sufficient to explain how it was that Greece become civilized before the other European lands.

➡

031  I don't admire a specific company, but I do admire the way new businesses are evolving the way that they do business and more importantly treat their staff.

➡

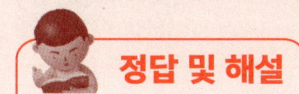
## 정답 및 해설

**028** Environmental activists (frustrated with the UK government's inability) (to rapidly accelerate the growth of renewable energy industries) / have formed the Westmill Wind Farm Co-operative, a community-owned organization (with more than 2,000 members) (who own an onshore wind farm) (estimated to produce as much electricity in a year as that / used by 2,500 homes).

→ the Westmill Wind Farm Co-operative에 대해 더 구체적으로 설명하는 동격설명이다.
→ 선행명사인 wind farm을 수식하는 과거분사이다.
→ that은 선행명사인 electricity를 받는 대명사이다.

**전문번역** 영국 정부가 재생 에너지 산업의 성장을 빠르게 가속화하지 못한 것에 실망한 환경 운동가들은 Westmill Wind Farm Co-operative를 결성했는데, 이는 2,500가구가 사용하는 정도의 전기를 1년간 생산하는 것으로 추산되는 육상 풍력 발전소를 소유한 2,000명 이상의 회원이 있는 지역 사회 단체이다.

**중요어휘** environmental activist 환경 운동가  accelerate 가속화하다
renewable energy 재생 에너지  form 형성하다  onshore 육지의, 내륙의
estimate 추정하다, 추산하다

**029** Surviving texts (like his Physics, Metaphysics, and Meteorology) provided scholars with the logical tools / to understand the forces (that created the natural world.)

→ provide A with B는 'A에게 B를 제공하다'라는 의미이다.
→ 주격 관계대명사이다.

**전문번역** 그의 물리학, 형이상학, 기상학 같은 살아남은 원문들은 학자들에게 자연계를 창조한 힘을 이해할 수 있는 논리적인 도구들을 제공했다.

**중요어휘** physics 물리학  metaphysics 형이상학  meteorology 기상학
provide A with B A에게 B를 제공하다  logical 논리적인

**030** A glance (at the map) is sufficient / to explain / how it was that Greece become civilized / before the other European lands.

→ it ~ that 강조구문이다. how를 강조하고 있기 때문에 '도대체 어떻게'라고 해석한다.

**전문번역** 지도를 힐끗 보기만 해도 도대체 어떻게 그리스가 다른 유럽 국가들보다 앞서서 문명화되었는지를 설명하기에 충분하다.

**중요어휘** glance 힐끗 보기  sufficient 충분한  civilized 문명화된

**031** I don't admire a specific company, / but I do admire the way (new businesses are evolving the way) (that they do business and more importantly treat their staff).

→ 강조할 때 사용하는 조동사 do이다.
→ the way가 evolve의 목적어이기 때문에 evolve를 타동사(~을 진화/발전시키다)로 해석한다.

**전문번역** 저는 특정한 회사를 존경하지는 않습니다만, 새로운 기업들이 사업을 하는 방식과 특히 자신들의 직원들을 대우하는 방식을 진화시키는 방식은 정말 존경합니다.

**중요어휘** admire 존경하다, 감탄하다  evolve 진화하다

032  Imagining that you might lose the relationships and possessions you currently enjoy increases your gratitude for having them now. 2021 지방직 9급

➡

033  A mouse potato is the computer equivalent of television's couch potato: someone who tends to spend a great deal of leisure time in front of the computer in much the same way the couch potato does in front of the television. 2022 국가직 9급

➡

034  He died at his Milanese home of pancreatic cancer, from which he had been suffering for two years, on the night of February 19, 2016. 2022 국가직 9급

➡

035  The mental world of the ordinary man consists of beliefs which he has accepted without questioning and to which he is firmly attached; he is instinctively hostile to whatever would upset the established order of this familiar world.

➡

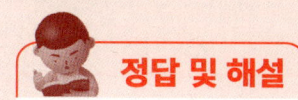
## 정답 및 해설

**032** Imagining that you might lose the relationships and possessions (that 생략) (you currently enjoy) increases your gratitude (for having them now).
S        V    O

→ 여기서 them은 선행명사인 the relationships and possessions를 받는 대명사이다.

**전문번역** 당신이 현재 누리고 있는 인간관계와 소유물을 잃게 될 수도 있다고 상상하는 것은 현재 그것들을 가지고 있는 것에 대한 감사함을 크게 해준다.

**중요어휘** possession 소유물   currently 현재   gratitude 감사

**033** A mouse potato is the computer equivalent (of television's couch potato): someone
S   V      S.C.
(who tends to spend a great deal of leisure time / in front of the computer) (in much the same way (that 생략) the couch potato does / in front of the television).

→ 'in (much) the same way + S V'는 'S가 V하는 것과 마찬가지로'라고 해석한다.

→ 선행동사인 spend를 대신 받는 대동사이다.

**전문번역** 마우스 포테이토(컴퓨터 앞에서 시간을 많이 보내는 사람)는 텔레비전의 카우치 포테이토(소파에 오랫동안 가만히 앉아 텔레비전만 보는 사람)와 컴퓨터에서 상응하는 것으로, 텔레비전 앞에서 카우치 포테이토가 하는 것과 같은 방식으로 컴퓨터 앞에서 많은 여가 시간을 보내는 경향이 있는 사람을 말한다.

**중요어휘** equivalent (가치가) 동등한 것, 등가물
          couch potato 게으른 사람(오랫동안 가만히 앉아 텔레비전만 보는 사람)

**034** He died (at his Milanese home) of pancreatic cancer, / from which he had been
S   V
suffering (for two years), (on the night of February 19, 2016).

→ die of는 '~ 때문에 죽다'라는 의미인데, 동사 die와 전치사 of 사이에 전명구가 끼어 있어서 구문 파악이 쉽지 않다.

→ '전치사+관계대명사' 뒤에는 완전한 문장이 이어진다. 그리고 from which는 and from the pancreatic cancer로 재진술하여 해석해도 된다.

→ 해당 시간부사구는 동사 die를 수식하여, 사망한 시점을 나타낸다.

**전문번역** 그는 2016년 2월 19일 밤에 2년간 앓아 왔던 췌장암으로 밀라노의 자택에서 사망했다.

**중요어휘** die of ~으로 사망하다   pancreatic cancer 췌장암

**035** The mental world (of the ordinary man) consists of beliefs (which he has accepted)
S                      V
(without questioning) and (to which he is firmly attached); he is instinctively
                                    S   V
hostile to [whatever would upset the established order of this familiar world].
S.C.           전치사 to의 목적어

→ beliefs가 선행명사이며, 관계대명사 which 앞에 있는 전치사 to는 be attached to라는 동사구에 있는 전치사 to가 앞으로 이동한 것이다.

→ 여기서 whatever는 명사절을 이끈다.

**전문번역** 보통 사람의 정신세계는 자신이 아무런 의문 없이 받아들이고 확고하게 믿는 신념들로 구성되어 있다. 그는 이 익숙한 세계의 확립된 질서를 뒤엎는 모든 것에 본능적으로 적대적이다.

**중요어휘** accept 받아들이다   question 의문을 제기하다   be attached to ~을 고수하다
          instinctively 본능적으로   hostile 적대적인   upset 뒤엎다   established order 확립된 질서
          familiar 친숙한

**036** The idea that excessive consumption of cold drinks and raw foods may weaken the *spleen runs counter to all modern ideas about diet, according to which, by eating raw vegetables and fruit, we can absorb all the vitamins and minerals contained in them.

*spleen: 비장

➡

**037** If someone makes you an offer and you're legitimately concerned about parts of it, you're usually better off proposing all your changes at once. 2022 국가직 9급

➡

**038** An analogy is a figure of speech in which two things are asserted to be alike in many respects that are quite fundamental. 2022 지방직 9급

➡

**039** In addition to making sure you have invested in the right equipment, environment, and training to ensure optimal performance, you can increase productivity by encouraging staffers to put an end to a modern-day energy drain: multitasking. 2022 지방직 9급

➡

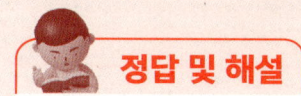

## 정답 및 해설

**036** The idea (that excessive consumption of cold drinks and raw foods may weaken the spleen) runs counter to all modern ideas (about diet), / according to which, (by eating raw vegetables and fruit), we can absorb all the vitamins and minerals (contained in them).

> 전치사 according to와 관계대명사 which의 의미를 각각 해석하여, '그것에 따르면'이라고 해석한다.

**전문번역** 차가운 음료와 날음식을 과도하게 섭취하는 것이 비장을 약화시킬지도 모른다는 생각은 식단에 대한 모든 현대적인 생각과 반대된다. 그리고 식단에 관한 현대적인 생각에 따르면 날채소와 과일을 먹음으로써, 그 음식 안에 포함된 모든 비타민들과 미네랄을 우리는 흡수할 수 있다.

**중요어휘** exccessive 과도한  consumption 소비  raw 익지 않은  weaken 약화시키다
run couter to ~과 반대되다

**037** If someone makes you an offer / and you're legitimately concerned about parts of it, / you're usually better off / proposing all your changes (at once).

> be concerned about은 '~에 대해 걱정하다'라는 의미이다.

**전문번역** 만약 누군가가 당신에게 제안을 하고 당신이 정당하게 그것의 일부에 대해 걱정된다면, 당신은 보통 당신의 모든 변경사항을 한꺼번에 제안하는 것이 좋다.

**중요어휘** legitimate 적당한, 합법적인  be concerned about ~에 대해 걱정하다
better off 형편이 더 나은  at once 즉시

**038** An analogy is a figure of speech (in which two things are asserted to be alike) (in many respects) (that are quite fundamental).

> '전치사+관계대명사' 뒤로는 완전한 문장이 이어진다.

**전문번역** 비유는 두 가지가 굉장히 근본적인 많은 면에서 비슷하다고 주장되는 비유적 표현이다.

**중요어휘** analogy 비유, 유추  figure of speech 비유적 표현  assert 주장하다
in many respects 많은 측면에서  fundamental 근본적인

**039** In addition to making sure (that 생략) you have invested in the right equipment, environment, and training / to ensure optimal performance, / you can increase productivity / by encouraging staffers to put an end to a modern-day energy drain: multitasking.

> 'in addition to+(동)명사' 형태로 쓰이며, '~ 이외에도'라는 의미의 전치사이다.

> put an end to는 '~을 끝내다, 종지부를 찍다'라는 의미이다.

**전문번역** 최적의 수행력을 보장하기 위해 적절한 장비, 환경과 교육에 투자했는지를 확실히 하는 것뿐만 아니라, 직원들이 현대의 에너지 고갈원인 멀티태스킹을 중단하도록 장려함으로써 생산성을 높일 수 있다.

**중요어휘** make sure ~을 확실하게 하다  invest 투자하다  optimal 최적의  put an end to ~을 끝내다
drain 배수관, 고갈시키는 것

PART 01 | 고난도 구문독해 훈련  27

**040** "Hunger destroys an army more often than does battle, and it is more cruel than the sword," noted Vegetius, a Roman writer who lived in the fourth century A.D. He quoted a military saying that "whoever does not provide for food and other necessary things is conquered without fighting."

➡

**041** Lamarck might explain that a kangaroo's powerful hind legs were the result of ancestors strengthening their legs by jumping and then passing that acquired leg strength on to the offspring. 2022 국가직 9급

➡

**042** Brain damaged since birth, Nolan has had little control over the muscles of his body, even to the extent of having difficulty in swallowing food. 2022 지방직 9급

➡

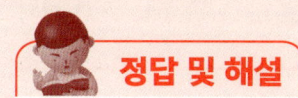
## 정답 및 해설

**040** "Hunger destroys an army more often than does battle, and it is more cruel than the sword," noted Vegetius, a Roman writer (who lived in the fourth century A.D). He quoted a military saying (that "whoever does not provide for food and other necessary things is conquered (without fighting))."

→ than이나 as 뒤에서는 주어와 동사의 위치가 선택적으로 도치되기도 한다.
→ 인용어구 뒤에서는 주어와 동사가 도치된다.
→ Vegetius에 대한 동격설명이다.
→ 동격의 that이다.

**전문번역** "배고픔은 전투보다 군대를 더 자주 파괴하고 칼보다 더 잔인하다."라고 서기 4세기에 살았던 로마의 저술가인 Vegetius는 말했다. 그는 "식량과 다른 필수품들에 대비하지 못하는 자는 누구나 전투 없이 정복당한다."는 군대의 격언을 인용했다.

**중요어휘** hunger 굶주림  cruel 잔인한  sword 칼  quote 인용하다  provide for 대비하다  conquer 정복하다

**041** Lamarck might explain / that a kangaroo's powerful hind legs were the result of ancestors / strengthening their legs (by jumping and then passing that acquired leg strength on to the offspring).

→ pass something on to somebody는 '무언가를 누군가에게 물려주다'라는 의미이다.
→ 여기서 that은 지시형용사로, 명사구인 leg strength를 수식한다.

**전문번역** Lamarck는 캥거루의 강력한 뒷다리가 뛰어다니면서 습득된 그들의 다리 힘을 자손에게 전달함으로써 자신들의 다리를 강화시킨 조상들의 결과라고 설명할 수 있다.

**중요어휘** hind leg 뒷다리  ancestor 조상  strengthen 강화하다  acquire 습득하다  offspring 자손

**042** Brain damaged since birth, / Nolan has had little control / over the muscles of his body, / even to the extent of having difficulty / in swallowing food.

→ 분사구문으로, 문장의 주어인 Nolan에 대한 설명이다.
→ have control over는 하나의 동사구가 되어 '~에 대한 통제력을 가진다'라는 의미이다.
→ to extent of는 부사구로, '~하는 정도까지'라는 의미이다.

**전문번역** 태어날 때부터 뇌가 손상된 Nolan은 음식을 삼키기 어려울 정도로 몸의 근육을 거의 통제하지 못했다.

**중요어휘** extent 정도  swallow 삼키다

PART 01 | 고난도 구문독해 훈련  29

**043** It was only many years later, though, after he had reached 10 years, and after he had learned to read, that he was given a means to express his first words. 2022 지방직 9급

➡

**044** In many Catholic countries, children are often named after saints; in fact, some priests will not allow parents to name their children after soap opera stars or football players.

2022 지방직 9급

➡

**045** In countries where infant mortality is very high, such as in Africa, tribes only name their children when they reach five years old, the age in which their chances of survival begin to increase. 2022 지방직 9급

➡

## 정답 및 해설

**043** It was only many years later, though, after he had reached 10 years, and after he had learned to read, that he was given a means / to express his first words.

> 여기서 though는 부사로, '그러나'라는 의미이다.
> '기간 + after'는 '~한 후에'라는 의미이다. 예를 들어, 2 years after he left Korea 라는 부사구는 '그가 한국을 떠나고 2년 후'라고 해석한다.
> it is ~ that 강조구문이다. it is ~ that을 생략해도 문법적으로 완전한 문장이 남는다는 특징이 있다.
> 여기서 to 이하는 선행명사인 means를 수식한다.

**전문번역** 그러나 그가 10살이 되고, 읽기를 배우고, 수년 후에서야 비로소 그의 첫 단어를 표현할 수 있는 수단을 갖게 되었다.

**중요어휘** means 수단   express 표현하다

---

**044** (In many Catholic countries), children are often named after saints; in fact, some priests will not allow parents / to name their children after soap opera stars or football players.

> name A after B는 'B의 이름을 따라 A의 이름을 짓다'라는 의미이다.

**전문번역** 많은 가톨릭 국가에서, 아이들은 종종 성인의 이름을 따서 이름 지어진다; 사실, 일부 성직자들은 부모들이 그들의 아이들의 이름을 드라마 스타나 축구 선수의 이름을 따서 짓도록 허락하지 않을 것이다.

**중요어휘** name A after B B의 이름을 따라 A의 이름을 짓다   priest 성직자   saint 성인(군자)
soap opera 드라마

---

**045** (In countries) (where infant mortality is very high), (such as in Africa), tribes only name their children / when they reach five years old, the age (in which their chances of survival begin to increase).

> 앞서 제시된 five years old에 대한 동격/부연설명이다.

**전문번역** 아프리카와 같이 유아 사망률이 매우 높은 국가에서는 부족들이 생존율이 높아지기 시작하는 나이인 5세가 되면 아이들의 이름을 짓는다.

**중요어휘** infant mortality 유아 사망률   chances of survival 생존율

**046** In one study, done in the early 1970s when young people tended to dress in either "hippie" or "straight" fashion, experimenters donned hippie or straight attire and asked college students on campus for a dime to make a phone call. 2022 지방직 9급

➡

**047** One of the most frequently used propaganda techniques is to convince the public that the propagandist's views reflect those of the common person and that he or she is working in their best interests. 2022 지방직 9급

➡

**048** Riders may mistakenly think coasters lose energy at the end of the track, but the energy just changes to and from different forms. 2022 지방직 9급

➡

**049** The incessant public curiosity and consumer demand due to the health benefits with lesser cost has increased the interest in functional foods. 2023 국가직 9급

➡

## 정답 및 해설

**046** (In one study), (done in the early 1970s) (when young people tended to dress in either "hippie" or "straight" fashion), experimenters donned hippie or straight attire and asked college students (on campus) for a dime to make a phone call.

- S: experimenters
- V1: donned / O: hippie or straight attire
- V2: asked / O: college students

**전문번역** 젊은이들이 "히피"나 "스트레이트" 패션으로 입는 경향이 있던 1970년대 초에 행해진 한 연구에서, 실험자들은 히피나 스트레이트 복장을 하고 캠퍼스의 대학생들에게 전화를 걸기 위해 10센트짜리 동전을 달라고 요구했다.

**중요어휘** don (옷 등을) 입다  attire 복장  dime 10센트  make a phone call 전화를 걸다

→ ask for는 '무언가를 달라고 요청하다'라고 해석할 수 있는데, ask와 for 사이에 위치한 목적어와 전명구 때문에 ask for가 하나의 덩어리인 것을 식별하기가 쉽지 않다.

→ '목적'을 나타내는 부정사이다.

**047** One (of the most frequently used propaganda techniques) is to convince the public / that the propagandist's views reflect those of the common person and / that he or she is working in their best interests.

- S: One
- V: is / A: to convince / the public
- B: that..., that...

**전문번역** 가장 자주 사용되는 정치적 선전 기법 중 하나는 정치적 선전자의 견해가 일반인의 견해를 반영하고 있으며 대중들에게 가장 이익이 되는 방향으로 자신들이 일을 하고 있다고 대중들에게 확신시키는 것이다.

**중요어휘** propaganda 정치적 선전  convince 설득시키다, 납득시키다  in one's best interest ~에게 가장 큰 이익이 되다

→ 여기서 used는 propaganda techniques을 수식하는 과거분사이다.

→ convince A B는 'A에게 B를 확신시키다'라는 의미이다. 명사절을 이끄는 접속사 that이 B에 위치하고 있다.

→ that절은 서로 병렬관계이다.

**048** Riders may (mistakenly) think / coasters lose energy at the end of the track, but the energy just changes to and from different forms.

- S: Riders / V: think / O: coasters...
- S: the energy / V: changes

**전문번역** 탑승자들은 롤러코스터가 트랙의 끝부분에서 에너지를 잃는다고 잘못 생각할 수도 있지만, 에너지는 단지 다른 형태로, 혹은 다른 형태에서 바뀌는 것뿐이다.

**중요어휘** mistakenly 실수로, 잘못하여

→ different forms가 to와 from의 공통 목적어이기 때문에 전치사 to 뒤에서는 different forms가 생략되었다.

**049** The incessant public curiosity and consumer demand (due to the health benefits) (with lesser cost) has increased the interest (in functional foods).

- S: The incessant public curiosity and consumer demand
- V: has increased / O: the interest

**전문번역** 더 적은 비용을 들인 건강상 이점으로 인한 끊임없는 대중의 호기심과 소비자 수요가 기능성 식품에 대한 관심을 높여 왔다.

**중요어휘** incessant 끊임없는  curiosity 호기심  due to ~ 때문에  functional 기능성의

**050** Nonverbal cues — rather than spoken words — make us feel that the person we are with is interested in, understands, and values us. 2023 국가직 9급

➡

**051** Unfortunately, trying to convince your children of their competence will likely fail because life has a way of telling them unequivocally how capable or incapable they really are through success and failure. 2023 국가직 9급

➡

**052** Connected consumers can now zip easily across borders via the internet and social media, making it difficult for advertisers to roll out adapted campaigns in a controlled, orderly fashion. 2023 국가직 9급

➡

**053** In our monthly surveys of 5,000 American workers and 500 U.S. employers, a huge shift to hybrid work is abundantly clear for office and knowledge workers. 2023 국가직 9급

➡

## 정답 및 해설

**050** Nonverbal cues — rather than spoken words — make us feel that the person (we are with) is interested in, understands, and values us.

→ 목적격 관계대명사 who(m)이 생략된 관계사절이다.
→ us는 동사 is interested in, understand 그리고 value의 공통 목적어이다.

**전문번역** 비언어적 신호는 발화되는 말보다, 우리가 함께 있는 사람이 우리에게 관심이 있고, 우리를 이해하며 소중히 여긴다고 느끼게 해준다.

**중요어휘** nonverbal 비언어적인  cue 단서

**051** Unfortunately, trying to convince your children of their competence / will (likely) fail / because life has a way / of telling them unequivocally how capable or incapable they really are / through success and failure.

→ convince A of B는 'A에게 B를 납득시키다'라는 의미이다.
→ likely는 부사로 '~할 가능성이 있다'라는 의미이며, be likely to RV로도 사용된다.
→ capable or incapable은 be동사의 보어이다.

**전문번역** 안타깝게도, 인생은 아이들에게 성공과 실패를 통해 그들이 실제로 얼마나 유능하거나 무능한지를 명백히 알려주는 법이기에, 아이들에게 그들의 능력을 납득시키려는 것은 실패할 가능성이 크다.

**중요어휘** convince A of B A에게 B를 납득시키다  competence 능숙함  unequivocally 명료하게  capable 유능한  incapable 무능한

**052** Connected consumers / can now zip easily across borders (via the internet and social media), / making it difficult for advertisers to roll out adapted campaigns (in a controlled, orderly fashion).

→ zip across는 '획하고 지나가다'라는 의미이다.
→ 가목적어이다.
→ 진목적어이다.

**전문번역** 이제 연결된 소비자들이 인터넷과 소셜 미디어를 통해 국경을 쉽게 넘나들 수 있게 되어, 광고주들이 통제되고 질서정연한 방식으로, 맞춤화된 캠페인을 전개하는 것이 어려워진다.

**중요어휘** zip 획하고 가다  border 국경  via ~을 통해서  roll out 출시하다, 시작하다  orderly 질서정연한  fashion 방식

**053** (In our monthly surveys) (of 5,000 American workers and 500 U.S. employers), a huge shift (to hybrid work) is abundantly clear (for office and knowledge workers).

→ 전치사 to는 '방향'을 나타내기 때문에 shift to는 '(어떠한 방향으로의) 전환, 변화'라고 해석한다.

**전문번역** 미국 근로자 5,000명과 미국 고용주 500명을 대상으로 하는 우리의 월간 설문조사에 따르면, 사무직과 지식 근로자 사이에서 하이브리드 근무로의 대규모 전환이 매우 뚜렷하게 보인다.

**중요어휘** huge 엄청난  shift 전환, 변화  abundant 풍부한  knowledge workers 지식 노동자

PART 01 | 고난도 구문독해 훈련  35

**054** Latin was the language of ancient Rome, whose territory stretched from the Mediterranean basin all the way to parts of Great Britain in the north and the Black Sea to the east.

2023 국가직 9급

➡

**055** It would be no small feat and of no small import if the psychology of science could become a model for the parent discipline on how to combine resources and study science from a unified perspective. 2023 국가직 9급

➡

**056** The selection of the appropriate protective clothing for any job or task is usually dictated by an analysis or assessment of the hazards presented. 2022 법원직 9급

➡

**057** In contrast, an industrial worker who has to work in areas where the possibility of a flash fire exists would have a very different set of hazards and requirements. 2022 법원직 9급

➡

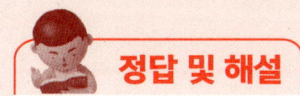
## 정답 및 해설

**054** Latin was the language of ancient Rome, / whose territory stretched from the Mediterranean basin (all the way) to parts of Great Britain in the north and the Black Sea to the east.

→ all the way는 부사로 '쭉' 혹은 '완전히'라는 의미이다.

→ stretch from A to B는 'A 에서 B까지 뻗어 있다'라는 의미이다.

**전문번역** 라틴어는 지중해 유역에서부터 북쪽의 영국 일부와 동쪽의 흑해까지 영토가 쭉 뻗어 있던 고대 로마의 언어였다.

**중요어휘** territory 영토   stretch 뻗어 있다   Mediterranean basin 지중해 유역

**055** It would be no small feat and of no small import / if the psychology of science could become a model for the parent discipline (on how to combine resources and study science / from a unified perspective).

→ 'be of+추상명사'는 'be+ 형용사'로 해석한다. 예를 들어, be of importance는 '중요하다(be important)' 라고 해석하면 된다.

→ study/research/discipline on은 '~에 관한 연구/학문' 이라고 해석한다.

**전문번역** 과학 심리학이 자원을 결합하는 방법과 통합된 관점에서 과학을 연구하는 방법에 대한 모학문의 모델이 될 수 있다면 결코 작은 업적이 아니고 그 중요성 또한 작지 않을 것이다.

**중요어휘** feat 업적   import 중요성, 수입   parent discipline 모학문
unified perspective 통합된 관점

**056** The selection (of the appropriate protective clothing) (for any job or task) is usually dictated (by an analysis or assessment) (of the hazards) (presented).

→ 과거분사로, 선행하는 명사인 hazards를 수식한다.

**전문번역** 어떠한 직업이나 업무를 수행하기 위해 적절한 보호복을 선택하는 것은 제시된 위험의 분석이나 평가에 의해 대개 요구된다.

**중요어휘** appropriate 적절한   protective clothing 보호복   dictate 명령하다, 요구하다
assessment 평가   hazard 위험   present 제시하다

**057** In contrast, an industrial worker (who has to work) (in areas) (where the possibility of a flash fire exists) would have a very different set of hazards and requirements.

→ 관계부사 뒤에 완전한 문장이 이어진다. exist는 자동사 이기 때문에 목적어가 없어도 완전한 문장이라고 볼 수 있다.

**전문번역** 대조적으로, 돌발적인 화재의 가능성이 존재하는 영역에서 일해야 하는 산업 노동자는 일련의 매우 다양한 위험과 필요조건을 갖게 될 것이다.

**중요어휘** hazard 위험   requirement 요건, 요구

**058** The Indian government now runs programs aimed at improving their lot by involving the impoverished people in the commercial management of their forests, in this way allowing them to continue to obtain the food and materials they need, but at the same time to sell forest produce. 2022 법원직 9급

➡

**059** Koreans who had achieved successful careers in business, the imperial bureaucracy, and the military during the colonial period or who had taken advantage of economic opportunities that opened up immediately after the war — opted to maintain their relatively privileged status in Japanese society rather than risk returning to an impoverished and politically unstable post-liberation Korea. 2022 법원직 9급

➡

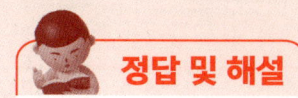

## 정답 및 해설

**058** The Indian government now runs programs (aimed at improving their lot) (by involving the impoverished people in the commercial management of their forests), (in this way) allowing them to continue to obtain the food and materials (they need), but (at the same time) to sell forest produce.

> 선행명사 programs를 수식하는 과거분사이다.

> involve A in B는 'A를 B에 포함/참여시키다'라고 해석한다.

> to obtain과 to sell은 병렬 관계이다.

**전문번역** 인도 정부는 현재 그들의 숲에 대한 상업적 관리에 가난한 사람들을 참여시킴으로써 그들의 운명을 개선시키는 것을 목표로 하는 프로그램을 운영하는데, 이러한 방식으로 그들이 필요로 하는 음식과 재료를 계속해서 얻을 수 있게 하며, 동시에 그들이 삼림 생산물을 팔 수 있게 한다.

**중요어휘** aim at ~을 목표로 하다  lot 무리, 품목, 운(명)  impoverished 가난한  obtain 습득하다  produce 생산물

**059** Koreans (who had achieved successful careers) (in business, the imperial bureaucracy, and the military) (during the colonial period) or (who had taken advantage of economic opportunities) (that opened up immediately after the war) — opted to maintain their relatively privileged status (in Japanese society) rather than risk returning to an impoverished and politically unstable post-liberation Korea.

> business, the imperial bureaucracy 그리고 the military는 '성공적인 커리어를 얻을 수 있는 영역'이라는 점에서 병렬관계이다.

> 'risk+(동)명사'는 '~할 위험을 무릅쓰다'라고 해석한다.

**전문번역** 식민지 시대 동안 사업에서, 제국주의 관료제에서, 그리고 군대에서 성공적인 경력을 이루었거나 전쟁 직후 열린 경제적 기회를 이용했던 한국인들은 해방 후 빈곤하고 정치적으로 불안정한 한국으로 돌아가는 위험을 무릅쓰기보다는 일본 사회에서 상대적으로 특권을 부여받은 지위를 유지하는 것을 택했다.

**중요어휘** imperial 제국의  bureaucracy 관료제  colonial period 식민지 시기  take advantage of ~을 이용하다  opt 선택하다  privileged status 특권을 부여받은 지위  risk 무릅쓰다  unstable 불안정한  post-liberation 해방 이후의

**060** People working at a distance from each other have to invent special signals if they want to communicate. So do people working in a noisy environment, such as in a factory where the machines are very loud, or lifeguards around a swimming pool full of school children.

2022 법원직 9급

➡

**061** Opponents of the use of animals in research also oppose use of animals to test the safety of drugs or other compounds. 2022 법원직 9급

➡

**062** Within the pharmaceutical industry, it was noted that out of 19 chemicals known to cause cancer in humans when taken, only seven caused cancer in mice and rats using standards set by the National Cancer Institute. 2022 법원직 9급

➡

**063** The collaborating style tends to solve problems in ways that maximize the chances that the best result is provided for all involved. 2022 법원직 9급

➡

## 정답 및 해설

**060** People (working at a distance from each other) have to invent special signals / if they want to communicate. So do people (working in a noisy environment), (such as in a factory) (where the machines are very loud), or lifeguards (around a swimming pool) (full of school children).

→ 도치된 'so+V+S'는 'S도 역시 마찬가지이다'라고 해석한다.
→ do는 선행동사인 invent를 대신 받는 대동사이다.
→ people과 lifeguards는 '소통하기 위해 특별한 신호를 만들어내야 하는 집단'이라는 점에서 병렬관계이다.

**전문번역** 서로 좀 떨어져서 일하는 사람들은, 만약 소통하기를 원한다면 특별한 신호를 만들어야 한다. 기계의 소리들이 매우 큰 공장과 같은 시끄러운 환경에서 일하는 사람들이나, 초등학생들로 붐비는 수영장 주변의 인명 구조원들도 마찬가지이다.

**중요어휘** at a distance 멀리서

**061** Opponents (of the use of animals) (in research) also oppose use of animals / to test the safety of drugs or other compounds.

→ 타동사인 oppose(= be opposed to)는 '~에 반대하다'라는 의미이다.

**전문번역** 연구에서 동물의 사용에 대해 반대하는 사람들은 또한 약물이나 다른 화합물의 안전성을 테스트하기 위한 동물의 사용도 반대한다.

**중요어휘** opponent 반대론자  oppose 반대하다  compound 혼합물

**062** (Within the pharmaceutical industry), it was noted / that (out of 19 chemicals) (known to cause cancer) (in humans) (when taken), only seven caused cancer (in mice and rats) / using standards (set by the National Cancer Institute).

→ 'out of+복수명사'는 '~ 중에서'라고 해석한다.
→ when taken은 분사구문으로, when they(= the 19 chemicals) are taken을 축약한 것이다.
→ 현재분사로, 의미상의 주어는 '일반적인 사람(we/you)'이다.

**전문번역** 제약 업계 내에서, 섭취하게 되면 인간에게 암을 유발하는 것으로 알려진 19개의 화학물질 중에서, 단 7개만이 국립 암 협회에 의해 설정된 기준을 사용했을 때 생쥐와 쥐에게 암을 유발한다는 것이 주목받았다.

**중요어휘** pharmaceutical industry 제약 업계  set standards 기준을 설정하다

**063** The collaborating style tends to solve problems (in ways) (that maximize the chances) (that the best result is provided for all involved).

→ 선행하는 추상명사가 있고 뒤로 완전한 문장이 이어지는 것으로 보아, 동격의 that이다.
→ 과거분사로, 선행명사인 all을 수식한다.

**전문번역** 협력하는 스타일은 최선의 결과가 관련된 모든 사람들에게 제공될 가능성을 극대화하는 방식으로 문제를 해결하는 경향이 있다.

**중요어휘** collaborate 협력하다  maximize 극대화하다

**064** The historical evolution of Conflict Resolution gained momentum in the 1950s and 1960s, at the height of the Cold War, when the development of nuclear weapons and conflict between the superpowers seemed to threaten human survival. 2022 법원직 9급

➡

**065** A group of pioneers from different disciplines saw the value of studying conflict as a general phenomenon, with similar properties, whether it occurs in international relations, domestic politics, industrial relations, communities, or between individuals. 2022 법원직 9급

➡

**066** But the first action its inhabitants took against neighboring villages set in motion a process that was both constrained by reality and filled with unintended consequences. 2022 법원직 9급

➡

**067** The Romans understood the connections between water and power, as the Roman Empire built a vast network of aqueducts throughout land they controlled, many of which remain intact. 2022 법원직 9급

➡

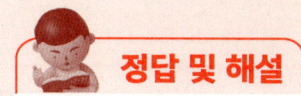
## 정답 및 해설

**064** The historical evolution (of conflict resolution) gained momentum (in the 1950s and 1960s), (at the height of the Cold War), (when the development of nuclear weapons and conflict between the superpowers seemed to threaten human survival.)

→ 선행하는 전명구인 in the 1950s and 1960s에 대한 동격/부연설명이다. 1950년대와 1960년대가 어떤 시절(냉전의 정점)이었는지를 추가적으로 설명해준다.

**전문번역** 갈등 해결의 역사적 진화는 냉전의 정점이었던 1950년대와 1960년대에 탄력이 붙었는데, 그 당시에는 초강대국들 사이에 핵무기의 개발과 갈등이 인류의 생존을 위협하는 것처럼 보였다.

**중요어휘** evolution 진화   gain momentum 탄력이 붙다   height 높이, 고도, 절정
superpower 초강대국

**065** A group (of pioneers) (from different disciplines) saw the value (of studying conflict) (as a general phenomenon), (with similar properties), / whether it occurs in international relations, domestic politics, industrial relations, communities, or between individuals.

→ A, B, C, D, E에 해당하는 어구들은 '갈등이 발생할 수 있는 영역'이라는 점에서 병렬관계이다.

**전문번역** 서로 다른 학문 분야에서 온 한 그룹의 선구자들은, 갈등이 국제 관계에서 발생하든, 국내 정치에서, 산업 관계에서, 지역 사회에서 또는 개인들 간에 발생하든, 비슷한 특성을 가진 일반적인 현상으로서 갈등을 연구하는 그 가치를 알았다.

**중요어휘** pioneer 선구자   discipline 규율, 학문   phenomenon 현상   properties 성질, 특징
domestic 가정의, 국내의

**066** But the first action (its inhabitants took / against neighboring villages) set in motion a process (that was both constrained by reality and filled with unintended consequences).

→ process는 set in motion의 목적어이다.
→ constrained와 filled는 병렬관계이다.

**전문번역** 하지만 그 지역의 주민들이 이웃 마을에 취했던 첫 번째 행동은 현실에 의해 제약될 뿐만 아니라 의도하지 않은 결과로 가득 찬 과정의 도화선에 불을 지폈다.

**중요어휘** inhabitant 거주민   set something in motion ~에 시동을 걸다   constrain 제약하다
unintended 의도치 않은   consequence (부정적인) 결과

**067** The Romans understood the connections (between water and power), / as the Roman Empire built a vast network of aqueducts (throughout land) (they controlled), many of which remain intact.

→ 문맥상 aqueducts가 선행 명사이다.

**전문번역** 로마 제국은 그들이 지배했던 땅 전체에 걸쳐 광대한 송수로 망을 건설했기 때문에, 로마인들은 물과 권력 사이의 관련성을 이해했는데, 그것들 (송수로) 중 많은 것들이 손상되지 않은 채 있다.

**중요어휘** aqueduct 송수로   intact 손상입지 않은

**068** You may run a survey online that enables you to question large numbers of people and provides full analysis in report format, or you may think asking questions one to one is a better way to get the answers you need from a smaller test selection of people. 2022 법원직 9급

➡

**069** Daily training creates special nutritional needs for an athlete, particularly the elite athlete whose training commitment is almost a fulltime job. 2022 법원직 9급

➡

**070** It was Gombrich's belief that a viewer "completed" the artwork, that part of an artwork's meaning came from the person viewing it. 2022 법원직 9급

➡

**071** Microorganisms don't care what they do to you any more than you care what distress you cause when you slaughter them by the millions with a soapy shower. 2021 법원직 9급

➡

## 정답 및 해설

**068** You may run a survey (online) (that enables you to question large numbers of people and provides full analysis in report format), or you may think (that 생략) asking questions (one to one) is a better way (to get the answers) (you need) (from a smaller test selection of people).

> 명사절을 이끄는 접속사 that이 생략되었다.
> enables와 provides는 병렬관계이다.

**전문번역** 당신이 많은 사람들에게 질문하는 것을 가능하게 해주고 보고서 형식으로 완전한 분석을 제공해주는 설문조사를 온라인으로 실시할 수도 있고, 혹은 여러분은 일대일로 질문을 하는 것이 더 적은 테스트 선발 인원에서 당신이 필요로 하는 답을 얻는 더 나은 방법이라고 생각할 수도 있다.

**중요어휘** run a survey 설문조사를 실시하다　question 질문을 하다　analysis 분석
one to one 일대일로

**069** Daily training creates special nutritional needs / for an athlete, particularly the elite athlete (whose training commitment is almost a fulltime job).

> 앞서 등장한 an athlete에 대한 동격설명이다.

**전문번역** 매일의 훈련은 운동선수에게 특별한 영양상의 필요를 만드는데, 훈련 약속이 거의 풀타임 일인 엘리트 운동선수에게 특히 그러하다.

**중요어휘** nutritional 영양적인　athlete 운동선수　commitment 헌신, 전념, 약속

**070** It was Gombrich's belief that a viewer "completed" the artwork, that part of an artwork's meaning came from the person (viewing it).

> 대명사로 사용되고 있으므로 '그것은'이라고 해석한다.
> 두 개의 that절은 명사절과 명사절이 나란히 위치해 있는 동격관계이다.

**전문번역** 보는 사람이 미술 작품을 "완성한다"는 것, 즉 미술 작품의 의미의 일부는 그것을 보는 사람에게서 나온다는 것이, Gombrich의 믿음이었다.

**중요어휘** complete 완성하다

**071** Microorganisms don't care what they do to you any more than you care what distress you cause / when you slaughter them / by the millions / with a soapy shower.

> A is not B any more than C is D는 'C가 D하지 않듯이 A 또한 B하지 않는다'라고 해석한다.
> 부정으로 해석해야 함에 유의하자.
> what은 의문형용사로, 명사 distress를 수식하며 명사절을 이끈다.
> '단위'를 나타내는 전치사 by는 동사 slaughter를 수식하여 도살의 규모/단위가 어느 정도인지를 나타낸다.

**전문번역** 당신이 비누 샤워로 수백만 마리의 미생물을 도살할 때 당신이 미생물들에게 가하는 고통을 신경 쓰지 않는 것처럼 미생물들도 인간에게 무슨 짓을 하는지 전혀 신경 쓰지 않는다.

**중요어휘** microorganism 미생물　distress 고통, 고난　slaughter 학살하다, 도축하다
soapy 비누투성이의

**072** By the time kids are elementary-school age, they can evaluate which of those solutions are win-win solutions and which ones are most likely to work and satisfy each other over time. 2021 법원직 9급

➡

**073** Known as the Golden City, Jaisalmer, a former caravan center on the route to the Khyber Pass, rises from a sea of sand, its 30-foot-high walls and medieval sandstone fort sheltering carved spires and palaces that soar into the sapphire sky. 2021 법원직 9급

➡

**074** Each person must make his and her own life's decisions, and make those choices in light of our current understanding of who we are and what is good for us. 2021 법원직 9급

➡

**075** The animals discovered, or perhaps nature discovered for them, that by living and working together, they could interact with the world more effectively. 2021 법원직 9급

➡

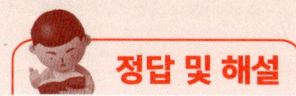

**072** By the time kids are elementary-school age, / they can evaluate / which of those solutions are win-win solutions and / which ones are most likely to work and satisfy each other over time.

**전문번역** 아이들이 초등학교에 입학할만한 나이쯤이면, 아이들은 그 해결책 중에서 어느 것이 서로를 위한 해결책인지, 그리고 시간이 지나면서 어느 해결책이 효과가 있고 서로를 만족시켜 줄지 평가할 수 있다.

**중요어휘** evaluate 평가하다  satisfy 충족시키다

→ 'by the time (that) S V'는 'S가 V할 때쯤'이라는 의미이며 부사절을 이끈다.

→ 여기서 which는 관계대명사가 아닌 의문대명사이다.

→ 여기서 ones는 선행명사인 solutions를 받는 부정대명사이며, 의문형용사인 which의 수식을 받는다.

**073** Known as the Golden City, Jaisalmer, a former caravan center on the route to the Khyber Pass, rises (from a sea of sand, its 30-foot-high walls and medieval sandstone fort) (sheltering carved spires and palaces) (that soar into the sapphire sky).

**전문번역** 카이버 통행로로 향하는 길에 위치한 이전 카라반 센터이자, 황금의 도시로 불린 자이살메르는 모래 사막 위에, 30피트의 높은 벽과 사파이어색 하늘을 향해 치솟는 조각된 첨탑과 궁전들을 보호하는 중세 시대 사암으로 만들어진 요새로부터 우뚝 솟아 있다.

**중요어휘** former 이전의  rise 오르다, 우뚝 솟다  medival 중세의  sandstone 사암  fort 요새  shelter 보호하다  spire 첨탑  palace 궁전  soar 치솟다

→ Jaisalmer가 어떤 장소인지를 나타내는 동격설명이다.

**074** Each person must make his and her own life's decisions, and make those choices (in light of our current understanding) (of who we are and what is good for us).

**전문번역** 각각의 사람은 자신의 삶에 대한 결정을 해야 하며, 우리가 누구인지 그리고 우리에게 좋은 것이 무엇인지에 대한 현재의 이해에 비추어 그런 결정을 해야 한다.

**중요어휘** in light of ~에 비추어  current 현재의

→ 명사절인 who we are과 what is good for us는 병렬관계이다.

**075** The animals discovered, or perhaps nature discovered for them, that (by living and working together), they could interact with the world more effectively.

**전문번역** 함께 더불어 살고 협력함으로써 동물들이 이 세상과 좀 더 효과적으로 상호작용할 수 있다는 것을 동물들이 발견했거나 아마 자연이 동물들을 대신해서 발견한 것 같다.

**중요어휘** interact 상호작용하다

→ 명사절을 이끄는 접속사 that은 discover의 목적어이다.

→ 두 개의 discovered는 병렬관계이다.

**076** I was delighted to discover that my tutor was not interested in me reciting their theories but only in helping me to develop my own, using the philosophers of the past as stimulants not authorities. 2021 법원직 9급

➡

**077** Looking back, scientists have uncovered a mountain of evidence that Mayan leaders were aware for many centuries of their uncertain dependence on rainfall. 2021 법원직 9급

➡

**078** As impressive as their elaborately decorated temples were, their efficient systems for collecting and warehousing water were masterpieces in design and engineering. 2021 법원직 9급

➡

**079** But for day-in, day-out lifelong bracing, there is probably nothing so effective as religion: it makes powerful and talented people more humble and patient, it makes average people rise above themselves, it provides sturdy support for many people who desperately need help staying away from drink or drugs or crime. 2021 법원직 9급

➡

## 정답 및 해설

**076** I was delighted to discover / that my tutor was not interested in me reciting their theories but only in helping me to develop my own, / using the philosophers of the past / as stimulants / not authorities.

> '소유격/목적격+동명사' 구조는 동명사의 의미상의 주어를 나타내는 구문이다.

> interested에 걸리는 전치사이다.

> my own 뒤에서는 theory가 생략되었다.

**전문번역** 나는 내 가정교사가 내가 그들의 이론을 암송하는 데 관심이 없고 단지 과거의 철학자들을 권위자가 아닌 자극제로서 사용하여 나만의 이론을 개발하도록 돕는 데에만 관심이 있다는 것을 알게 되어 기뻤다.

**중요어휘** recite 암송하다  philosopher 철학자  stimulant 자극제  authority 권위

**077** Looking back, scientists have uncovered a mountain of evidence that Mayan leaders were aware (for many centuries) of their uncertain dependence on rainfall.

> 선행명사가 추상명사이고 완전한 문장이 이어지는 것으로 보아, 동격의 that이다.

> aware에 걸리는 전치사이지만, 부사구인 for many centuries 때문에 이를 식별하기가 쉽지 않다.

**전문번역** 과거를 돌이켜 보면서 과학자들은 마야의 지도자들이 강우에 대한 자신들의 불확실한 의존에 대해 여러 세기 동안 알고 있었다는 산더미 같은 증거를 발견해 왔다.

**중요어휘** uncover 발견하다  a mountain of 산더미같은  evidence 증거  uncertain 불확실한  dependence 의존  rainfall 강우

**078** As impressive as their elaborately decorated temples were, their efficient systems (for collecting and warehousing water) were masterpieces (in design and engineering).

> 'as 명/형/부 as S V'는 부사절이며, 'S가 V일지라도'라고 해석한다.

**전문번역** 공들여 꾸민 그들의 신전들도 인상적이었지만, 물을 모으고 저장하기 위한 그들의 효율적인 시스템은 설계와 공법에 있어서 걸작이었다.

**중요어휘** elaborately 세밀하게, 공들여  decorate 장식하다  temple 사원, 신전  impressive 인상적인  warehouse 저장하다  masterpiece 걸작

**079** But (for day-in, day-out lifelong bracing), there is probably nothing so effective as religion: it makes powerful and talented people more humble and patient, it makes average people rise above themselves, it provides sturdy support (for many people) (who desperately need help / staying away from drink or drugs or crime).

> no so ~ as …는 '…만큼 ~한 것은 없다'라고 해석한다.

**전문번역** 그러나 하루하루 빠짐없이 평생 동안의 대비에는 아마도 종교만큼 효과적인 것이 없을 것이다. 그것은 강력하고 재능 있는 사람들을 더 겸손하고 인내심 있게 만들고, 보통 사람들을 그들 자신보다 성장하게 하며, 음주나 마약이나 범죄로부터 벗어나는 데 필사적으로 도움을 필요로 하는 많은 사람들에게 견고한 지지를 제공한다.

**중요어휘** day-in, day-out 해가 뜨나 해가 지나(하루도 빠짐없이)  brace 대비하다  humble 겸손한  sturdy 견고한  stay away from ~을 멀리하다

PART 01 | 고난도 구문독해 훈련  49

**080** The result of the depletion of the Earth's resources is deforestation and loss of biodiversity as humans strip the Earth of resources to accommodate rising population numbers.

2021 법원직 9급

➡

**081** Those who have low self-esteem compound their problems by opting for avoidance strategies because they hold the belief that whatever they do will result in failure.

2021 법원직 9급

➡

**082** For a physically unprepossessing primate, without great fangs or claws or wings or other obvious physical advantages, creativity has been the great equalizer. 2021 법원직 9급

➡

**083** As cars are becoming less dependent on people, the means and circumstances in which the product is used by consumers are also likely to undergo significant changes, with higher rates of participation in car sharing and short-term leasing programs. 2021 법원직 9급

➡

## 정답 및 해설

**080** The result (of the depletion) (of the Earth's resources) is deforestation and loss of biodiversity / as humans strip the Earth of resources / to accommodate rising population numbers.

→ strip A of B는 'A에게서 B를 박탈하다'라고 해석한다.

**전문번역** 지구 자원 고갈의 결과는 인간이 증가하는 인구수를 수용하기 위해 인간이 자원을 지구에서 고갈시키며 발생하는 삼림 벌채와 생물 다양성의 손실이다.

**중요어휘** depletion 고갈  deforestation 삼림 벌채  biodiversity 생물 다양성  resource 자원  accommodate 수용하다

**081** Those (who have low self-esteem) compound their problems (by opting for avoidance strategies) / because they hold the belief / that whatever they do will result in failure.

→ 선행명사가 추상명사이고 완전한 문장이 이어지고 있으므로 동격의 that이다.

**전문번역** 자존감이 낮은 사람들은 그들이 무엇을 하든 간에 실패로 이어진다는 믿음을 가지고 있기 때문에 회피 전략을 택함으로써 문제를 더 악화시킨다.

**중요어휘** self-esteem 자존감  compound 악화시키다  opt for 선택하다  avoidance 회피  strategy 전략  result in (결과로) 이어지다

**082** (For a physically unprepossessing primate), (without great fangs or claws or wings or other obvious physical advantages), creativity has been the great equalizer.

→ 절 앞에 위치한 전치사 for는 '~에게는'이라고 해석한다.

**전문번역** 큰 송곳니나 발톱, 날개, 또는 다른 명백한 신체적 이점을 갖추지 못한 신체적으로 매력적이지 않은 영장류에게는, 창의성은 훌륭하게 동등하게 해주는 것이다(열등을 극복할 수 있도록 키 높이를 해주는 장치라는 뜻).

**중요어휘** unprepossessing 매력 없는, 호감을 주지 못하는  primate 영장류  fang 독  claw 발톱  equalizer 동등하게 해주는 것

**083** As cars are becoming less dependent on people, / the means and circumstances (in which the product is used by consumers) are also likely to undergo significant changes, / with higher rates of participation in car sharing and short-term leasing programs.

→ 'be likely to+RV'는 '~할 가능성이 높다'라고 해석한다.

**전문번역** 자동차가 사람에 대한 의존도가 낮아짐에 따라, 소비자가 제품을 사용하는 수단과 환경도 자동차 공유와 단기 임대 프로그램에 대한 참여율이 보다 높아지면서 상당한 변화를 겪을 가능성이 또한 있다.

**중요어휘** dependent 의존적인  means 수단  circumstance 상황  undergo 겪다

**084** Whether we are complimented for our appearance, our garden, a dinner we prepared, or an assignment at the office, it is always satisfying to receive recognition for a job well done.

2021 법원직 9급

➡

**085** As we consider media consumption in the context of anonymous social relations, we mean all of those occasions that involve the presence of strangers, such as viewing television in public places like bars, going to concerts or dance clubs, or reading a newspaper on a bus or subway. 2021 법원직 9급

➡

**086** Amnesia most often results from a brain injury that leaves the victim unable to form new memories, but with most memories of the past intact. 2021 법원직 9급

➡

**087** Even if lying doesn't have any harmful effects in a particular case, it is still morally wrong because, if discovered, lying weakens the general practice of truth telling on which human communication relies. 2021 법원직 9급

➡

## 정답 및 해설

**084** Whether we are complimented for our appearance, our garden, a dinner (we
　　　　　　　　　　　　　　　　　　　A　　　　　B　　　　C
prepared), or an assignment (at the office), / it is always satisfying / to receive
　　　　　　　D
recognition (for a job) (well done).

→ 부사절을 이끄는 접속사 whether이다.

**전문번역** 우리의 외모, 정원, 우리가 준비한 저녁식사, 또는 사무실 업무 등 그 무엇 때문에 칭찬을 받든지 간에 잘 수행된 일에 대해 인정을 받는 것은 항상 만족감을 준다.

**중요어휘** compliment 칭찬하다　assignment 업무　recognition 인정

**085** As we consider media consumption (in the context of anonymous social relations),
　　　　　S　　V　　　O
/ we mean all of those occasions (that involve the presence of strangers), (such as
　　S　V　　　　O
viewing television in public places like bars, going to concerts or dance clubs, or
　　A　　　　　　　　　　　　　　　　　　　B
reading a newspaper on a bus or subway).
　　C

→ A, B, C는 병렬관계이다.

**전문번역** 우리가 익명의 사회적 관계라는 맥락에서 미디어 소비를 생각할 때, 우리는 술집과 같은 공공장소에서 텔레비전을 보는 것, 연주회나 댄스클럽에 가는 것, 혹은 버스나 지하철에서 신문을 읽는 것과 같이 낯선 사람들의 존재를 포함한 그러한 모든 경우를 의미한다.

**중요어휘** anonymous 익명의　social relation 사회적 관계　occasion 경우　presence 존재

**086** Amnesia (most often) results from a brain injury (that leaves the victim unable to
　　　　S　　　　　　　　V　　　　　　　　　　　　　V'　　O'　　O.C.'
form new memories, / but with most memories of the past intact).

→ leave가 5형식 구조로 사용되어 '~를 …하게 만들다'라고 해석한다.

→ 'with+명사+형용사'는 동시상황을 나타내는 분사구문으로, '~를 …한 채로'라고 해석한다.

**전문번역** 기억상실증은 대개 희생자(환자)가 새로운 기억을 형성하지는 못하지만, 대부분의 과거 기억이 손상되지 않은 채로 남아 있는 뇌 손상에서 발생한다.

**중요어휘** amenisa 기억상실증　result from ~에서 유래하다　form 형성하다　intact 손상받지 않는

**087** Even if lying doesn't have any harmful effects in a particular case, / it is still
　　　　　　S'　　V'　　　　O'　　　　　　　　　　　　　　　　　　　S V
morally wrong / because, (if discovered), lying weakens the general practice of
　　　S.C.　　　　　　　　　　　　　　S'　　V'　　　O'
truth telling (on which human communication relies).
　　　　　　　　　　　　S'　　　　　　　　V'

→ 여기서 대명사 it은 선행명사인 lying을 대신한다.

→ if discovered는 분사구문으로, if it is discovered를 줄여서 표현한 것이다.

→ 동사구 rely on에서 전치사 on이 관계대명사 앞으로 이동한 것이다.

**전문번역** 거짓말이 어느 특정한 경우에 어떤 해로운 영향도 미치지 않는다 할지라도 그것은 여전히 도덕적으로 옳지 않은데, 왜냐하면 밝혀질 경우 거짓말은 인간의 의사소통이 의존하는 진실 말하기라는 일반적 관행을 약화시키기 때문이다.

**중요어휘** weaken 약화시키다　general practice 일반적인 관행　truth telling 진실을 말하기
rely on ~에 의존하다

PART 01 | 고난도 구문독해 훈련　53

**088** Asking why we dream makes as much sense as questioning why we breathe. Dreaming is an integral part of a healthy life. 2021 법원직 9급

➡

**089** Even worse than reaching a conclusion with just a little evidence is the fallacy of reaching a conclusion without any evidence at all.

➡

**090** You don't have to be Shakespeare, but you do need to know how to express yourself properly in written form because not only is writing an important academic skill, but it is also an important skill that translates into any career field.

➡

**091** But newly available data providing the most detailed picture to date about what Americans of different generations save complicates that assessment. 2020 지방직 9급

➡

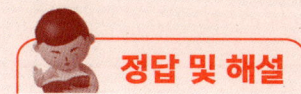
## 정답 및 해설

**088** Asking why we dream makes as much sense as questioning why we breathe.
　　　　　S　　　　　　　　V　　　　　　　O
Dreaming / is / an integral part of a healthy life.
　S　　　V　　　S.C.

> make sense는 '이치에 맞다'라는 의미이다.
> A as ~ as B는 A와 B가 똑같다는 것을 나타내는 동등 비교이다.

**전문번역** 우리가 왜 꿈꾸는지를 묻는 것은 왜 우리가 숨 쉬는지를 질문하는 것만큼 아주 '타당하다. 꿈은 건강한 삶의 필수적인 부분이다.

**중요어휘** make sense 이치에 맞다　integral 필수적인

**089** Even worse (than reaching a conclusion / with just a little evidence) is the fallacy
　　　　　　S.C.　　　　　　　　　　　　　　　　　　　　　　　　　　　　　　V　　S
(of reaching a conclusion) (without any evidence at all).

> '형용사+V+S' 어순으로 도치되었다.

**전문번역** 단지 약간의 증거만을 가지고 결론에 도달하는 것보다 훨씬 더 나쁜 것은 전혀 어떤 증거도 없이 결론에 이르는 오류이다.

**중요어휘** reach a conclusion 결론에 도달하다　evidence 증거　fallacy 오류

**090** You don't have to be Shakespeare, / but you do need to know / how to express yourself properly (in written form) / because not only is writing an important
　　　　　　　　　　　　　　　　　　　　　　　　　　　　　　　　　　　　V　　S　　　　S.C.
academic skill, but it is also an important skill (that translates into any career field).

> '부정부사+의문문' 어순이다.

**전문번역** 당신은 Shakespeare가 될 필요는 없지만 쓰기로 당신 자신을 적절히 표현하는 법을 알 필요가 있는데, 왜냐하면 쓰기가 중요한 학문적 기술일 뿐만 아니라 다른 직업 분야로 이동하는 중요한 기술이기 때문이다.

**중요어휘** express 표현하다　properly 적절하게　academic 학문적인
translate into ~로 번역되다, ~로 해석되다

**091** But newly available data (providing the most detailed picture (to date) about what
　　　　　　　　S
Americans of different generations save) complicates that assessment.
　　　S'　　　　　　　　　　　　　　　V'　　　V　　　　　O

> to date는 '현재까지'라는 의미의 부사구인데, 이 부사구를 알아채지 못하면 문장 구조 파악이 어려워진다.
> about 이하의 전명구는 선행명사인 picture를 수식한다. 그러나, to date라는 부사구를 모르면 이런 수식관계 파악이 힘들어진다.

**전문번역** 그러나 다른 세대의 미국인들이 저축하는 것에 관하여 현재까지 가장 상세한 그림을 제공하는 새로운 데이터는 그러한 평가를 복잡하게 만든다.

**중요어휘** detailed 세부적인　to date 현재까지　complicate 복잡하게 만들다　assessment 평가

PART 01 | 고난도 구문독해 훈련

**092** Closely associated with the regression in charity is the decline in men's regard for truth. At no period of the world's history has organized lying been practiced so shamelessly or, thanks to modern technology, so efficiently or on so vast a scale as by the political and economic dictators of the present century.

➡

**093** Extensive lists of microwave oven models and styles along with candid customer reviews and price ranges are available at appliance comparison websites. 2020 국가직 9급

➡

**094** Parrots are famous for their ability to imitate different sounds that they hear. Most scientists think that parrots are no more intelligent than other birds and don't know the meaning of their own words.

➡

## 정답 및 해설

**092** Closely **associated** (with the regression in charity) is the decline (in men's regard) (for truth). (At **no** period of the world's history) has organized lying been practiced **so** shamelessly or, thanks to modern technology, **so** efficiently or on **so** vast a scale **as** (by the political and economic dictators) (of the present century).

> 분사가 문두에 위치한 도치 구문이다.
>
> no so ~ as …는 '…만큼 ~ 한 것은 없다'라고 해석한다.
>
> 부정부사구 뒤로 의문문 어 순이 위치하였다. (도치구 문)
>
> A, B, C는 부사와 부사구로, 병렬관계이다.

**전문번역** 진실에 대한 인간의 존경심의 쇠퇴는 자선의 쇠퇴와 밀접하게 관련되어 있다. 세계의 그 어떠한 역사상의 시대에 있어서도, 조직화된 거짓말이 오늘날의 정치적, 경제적 독재자들에 의해서보다 더 뻔뻔스럽게, 또는 현대 기술 덕분에 이렇게 효율적이거나 광범위한 규모로 행해진 적은 없었다.

**중요어휘** regression 후퇴  charity 자선(행위)  decline 하락  regard 존경  practice 실행하다  shamelessly 뻔뻔하게  vast 광활한, 거대한  scale 규모  dictator 독재자  present century 현 세기

**093** Extensive lists (of microwave oven models and styles) (along with candid customer reviews and price ranges) are available (at appliance comparison websites).

> 전치사 of는 '소유'의 의미이 다. of를 단순히 '~의'라고만 하지 말고 '~을 포함한, ~을 가지고 있는(즉, 소유)'라고 도 해석해보자. 이런 유연한 해석은 실전에서 아주 큰 도 움이 된다. 예를 들어, 'He is a man of wisdom.'이라는 문장이 있을 때, '그는 지혜 의 남자이다.'라고 해석하기 보다는 '그는 지혜를 가진 사 람이다.'라고 해석하는 것이 훨씬 자연스럽다.
>
> 전치사 along with는 '~와 함께, ~와 같이(together with 혹은 accompanying)' 라고 해석하는 것이 좋다. 예 를 들어, 'You should consider the advantages along with the disadvantages.' 라는 문장이 있을 때, '당신 은 단점과 함께(혹은 단점뿐 만 아니라) 장점도 살펴봐야 한다.'라고 해석하는 것이 자 연스럽다.

**전문번역** 솔직한 고객들의 리뷰와 가격 분포와 함께 전자레인지 모델과 스타일을 수록한 광범위한 리스트는 기기 비교 사이트에서 이용할 수 있다.

**중요어휘** extensive 광범위한  microwave oven 전자레인지  candid 솔직한  apppliance (가전, 전자) 기기  comparison 비교

**094** Parrots are famous (for their ability) (to imitate different sounds) (that they hear). Most scientists think / that parrots are **no more** intelligent **than** other birds and don't know the meaning of their own words.

> 양자부정을 의미하는 구문 으로, than을 주축으로 앞뒤 를 모두 부정하여 해석한다.

**전문번역** 앵무새는 자신들이 듣는 다양한 소리를 흉내 내는 능력으로 유명하다. 대부분의 과학자들은 앵무새가 다른 새들처럼 지능이 낮고, 자신이 한 말의 의미를 알지 못한다고 생각한다.

**중요어휘** parrot 앵무새  imitate 모방하다

PART 01 | 고난도 구문독해 훈련  57

**095** All along the route were thousands of homespun attempts to pay tribute to the team, including messages etched in cardboard, snow and construction paper. 2020 국가직 9급

➡

**096** However, in a 2008 decision confirming an individual right to keep and bear arms, the court struck down Washington, D.C. laws that banned handguns and required those in the home to be locked or disassembled. 2020 국가직 9급

➡

**097** If you're not *autistic, you can't stop yourself from reading your companions' minds any more than you can stop yourself from noticing the color of their clothes. 2020 국가직 9급

*autistic: 자폐성의

➡

**098** Several studies, though, have shown that the home-educated children appear to do just as well in terms of social and emotional development as other students, having spent more time in the comfort and security of their home, with guidance from parents who care about their welfare. 2020 국가직 9급

➡

## 정답 및 해설

**095** All (along the route) were thousands of homespun attempts / to pay tribute to the team, (including messages etched in cardboard, snow and construction paper).

> 부사로서 '완전히, 온통'이라는 의미이다.
> '부사구+V+S' 구조로 도치된 문장이다.
> including 이하는 선행명사인 homespun attempts를 수식한다.

**전문번역** 길을 따라서 판지, 눈 위, 그리고 공작용 종이에 새겨진 메시지를 포함하여 팀에게 찬사를 표하는 수천의(수많은) 소박한 시도들이 있었다.

**중요어휘** homespun 소박한  attemp 시도, 노력  pay tribute to ~에게 경의를 표하다  etch 새기다

**096** However, (in a 2008 decision) (confirming an individual right to keep and bear arms), the court struck down Washington, D.C. laws (that banned handguns and required those (in the home) to be locked or disassembled).

> confirming 이하는 선행명사인 decision을 수식한다.
> 대명사 those는 선행하는 복수명사인 handguns를 받는다.
> to 이하는 require의 목적격 보어로, '~(목적어)가 …하도록 요구하다'라고 해석한다.

**전문번역** 그러나 총기를 소유하는 개인의 권리를 확인하는 2008년의 판결에서, 법원은 총기를 금지하고 집에 있는 총기는 잠그거나 분해되도록 한 워싱턴의 법을 폐지했다.

**중요어휘** confirm 확인하다  bear arms 무기를 지니다  strike down 폐지하다  ban 금지하다  disassemble 분해하다

**097** If you're not autistic, / you can't stop yourself from reading your companions' minds any more than you can stop yourself from noticing the color of their clothes.

> not ~ any more than은 양자부정 구문으로, than을 주축으로 앞뒤를 모두 부정하여 해석한다.

**전문번역** 여러분이 자폐증이 아니라면 상대의 옷 색깔을 알아차리는 것을 막을 수 없는 것처럼 상대의 마음을 읽으려는 자신을 억제할 수 없다.

**중요어휘** companion 동반자, 친구  notice 알아차리다

**098** Several studies, though, have shown / that the home-educated children appear to do just as well (in terms of social and emotional development) as other students, / having spent more time (in the comfort and security of their home), (with guidance) (from parents) (who care about their welfare).

> though는 부사로 '그러나'라는 의미이다.
> well은 선행동사인 do를 수식한다.
> 문미분사로 사용되고 있는 having p.p. 완료시제로, 본동사보다 더 먼저 발생했음을 나타낸다.
> with guidance는 분사 having p.p.를 수식한다.

**전문번역** 하지만, 몇몇 연구는 그들의 행복에 관심을 가지는 부모로부터의 지도와 함께 그들의 가정의 편안함과 안도감 속에서 더 많은 시간을 보내면서 홈스쿨링한 아이들도 사회적, 감정적 발달 면에서 다른 학생들만큼 한다고 나타남을 보여줘 왔다.

**중요어휘** security 안전, 안보  guidance 지도, 안내  welfare 안녕, 복지

**099** From only a few very simple organisms, a great number of complex, multicellular forms evolved over this immense period. 2020 국가직 9급

➡

**100** Folkways are customs that members of a group are expected to follow to show courtesy to others. 2023 지방직 9급

➡

**101** Adrenaline travels all over the body doing things such as widening the eyes to be on the lookout for signs of danger, pumping the heart faster to keep blood and extra hormones flowing, and tensing the skeletal muscles so they are ready to lash out at or run from the threat. 2020 국가직 9급

➡

**102** Archives are a treasure trove of material: from audio to video to newspapers, magazines and printed material — which makes them indispensable to any History Detective investigation.

➡

## 정답 및 해설

**099** (From only a few very simple organisms), a great number of complex, multicellular forms evolved (over this immense period).

→ complex와 multicellular는 형용사로 병렬관계이다.

**전문번역** 극소수의 아주 단순한 유기체로부터 엄청나게 많은 복잡하고 다세포의 형태가 이런 엄청난 기간에 걸쳐서 진화했다.

**중요어휘** organism 유기체   multicelluar 다세포의   evolve 진화하다   immense 엄청난

**100** Folkways are customs (that members of a group are expected to follow) / to show courtesy to others.

→ 부정사 to show는 follow를 수식하는 부사적 용법이다. 따라서, '목적(~하기 위해)'의 의미로 해석한다.

**전문번역** 풍속은 한 집단의 구성원들이 다른 사람들에게 예의를 표현하기 위해 따를 것이라고 예상되는 관습이다.

**중요어휘** folkway 풍속   custom 관습   courtesy 예의, 공손함

**101** Adrenaline travels (all) (over the body) doing things (such as widening the eyes / to be on the lookout for signs of danger, pumping the heart faster / to keep blood and extra hormones flowing, / and tensing the skeletal muscles / so (that) they are ready to lash out at or run from the threat).

→ 완전한 문장 뒤에 위치한 문미분사로, '~하면서'라고 해석한다.

→ widening ~, pumping ~ and tensing ~은 병렬관계이다.

→ 부정사의 부사적 용법으로 '목적(~하기 위해서)'을 나타낸다.

→ 부정사의 부사적 용법으로 '목적(~하기 위해서)'을 나타낸다.

→ 목적을 나타내는 접속사 so that 구문의 that은 생략 가능하다.

→ threat은 at과 from의 공통 목적어이다. 따라서, at 뒤에서 the threat이 생략되었다고 봐도 무방하다.

**전문번역** 아드레날린은 위험의 징후를 경계하기 위해 눈을 크게 뜨고, 혈액과 더 많은 호르몬이 흐르도록 심장을 더 빠르게 펌프질하고, 골격 근육을 긴장시켜 공격하거나 위협으로부터 벗어날 준비가 되도록 하는 등의 일을 하면서 온몸으로 이동한다.

**중요어휘** widen 넓히다   be on the lookout for ~을 살피다, ~에 주의를 기울이다   tense 긴장시키다   skeletal muscle 골격근육   lash out 채찍질하다, 강타하다

**102** Archives are a treasure trove (of material): (from audio) (to video) (to newspapers, magazines and printed material) — which makes them indispensable to any History Detective investigation.

→ from A to B to C는 'A에서 B 그리고 C에 이르기까지'라고 해석한다.

**전문번역** 기록 보관소는 오디오에서 비디오, 신문, 잡지 및 인쇄물에 이르기까지 모든 자료의 보고이며, 이것으로 기록 보관소는 어떠한 역사 탐정 조사이든 간에 필수적이다.

**중요어휘** archive 기록 보관소   treasure trove 보고   material 재료, 자료   indispensable 필수적인   investigation 조사

**103** Recognizing the biological status of this multitude requires a clear understanding of what constitutes a species, which is no easy task given that evolutionary biologists have yet to agree on a universally acceptable definition. 2020 국가직 9급

➡

**104** Plants in the Alps are moving to higher ground because of global warming, a march that might eventually lead dozens of species to extinction.

➡

**105** Some distinctions between good and bad are hardwired into our biology. Infants enter the world ready to respond to pain as bad and to sweet (up to a point) as good.

➡

**106** The most notorious case of imported labor is of course the Atlantic slave trade, which brought as many as ten million enslaved Africans to the New World to work the plantations.

2021 국가직 9급

➡

## 정답 및 해설

**103** Recognizing the biological status of this multitude / requires a clear understanding (of what constitutes a species), which is no easy task / given that evolutionary biologists have yet to agree on a universally acceptable definition.

> '~을 고려해볼 때'라는 관용 표현이다.
> '아직 ~하지 않다'라는 관용 표현이다.

**전문번역** 이 많은 것의 생물학적 지위를 아는 데는 무엇이 종을 구성하는지에 대한 명확한 이해가 필요한데, 진화 생물학자들이 세계적으로 받아들여지는 정의에 아직 합의하지 않은 것을 고려하면 이는 쉬운 일이 아니다.

**중요어휘** status 지위  constitute 구성하다  given that ~을 고려해 볼 때  evolutionary 진화적인  have yet to 아직 ~하지 않다  universally acceptable 보편적으로 수용 가능한  definition 정의

**104** Plants (in the Alps) are moving (to higher ground) (because of global warming), a march (that might eventually lead dozens of species to extinction).

> 앞 문장에서 언급된 '식물의 이동'에 대한 부연설명이다.

**전문번역** 알프스의 식물들이 지구 온난화 때문에 더 높은 곳으로 이동하고 있다. 이러한 이동으로 말미암아 결국은 수십 종이 멸종하게 될지도 모른다.

**중요어휘** march 행진, 이동  lead A to B A를 B로 이끌다  dozens of 수십의  extinction 멸종

**105** Some distinctions (between good and bad) are hardwired into our biology. Infants enter the world / ready to respond to pain as bad and to sweet (up to a point) as good.

> 완전한 문장 뒤에 이어지는 분사나 형용사는 주어에 대한 부연설명이며, '~한 채로'라고 해석한다.
> respond에 이어지는 전치사이다.

**전문번역** 좋고 나쁜 것의 구분은 우리가 갖고 태어나는 타고난 것이다. 아이들은 이 세상에 태어날 때 고통을 나쁜 것으로 달콤한 것은 (어느 정도) 좋은 것으로 인지한다.

**중요어휘** distinction 구분, 구별  hardwire 고정시키다, 굳어버리게 하다  biology 생물(학)  infant 아이, 아기  respond to ~에 반응하다  up to a point 어느 정도는

**106** The most notorious case (of imported labor) / is (of course) the Atlantic slave trade, / which brought as many as ten million enslaved Africans (to the New World) / to work the plantations.

> 부사가 되어 동사와 주격보어 사이에 삽입되었다.
> 'as many as+복수명사'나 'as much as+단수명사'는 '무려 ~씩이나' 정도로 해석한다.
> to the New World는 bring에 걸리는 부분이다. 'bring 사람명사 to 장소명사'는 '누군가를 어딘가로 데려오다'라고 해석한다.
> '목적'을 나타내는 부정사의 부사적 용법이다.

**전문번역** 수입된 노동력의 가장 악명 높은 사례는 물론 대서양 노예 무역이다. 그것은 대농장을 경작하도록 무려 천만 명에 이르는 노예가 된 아프리카인들을 신대륙에 데려왔다.

**중요어휘** notorious 악명 높은  slave trade 노예 무역  enslave 노예로 만들다  plantation 농장

**107** In 2003, Amos Tversky, my younger colleague, and I met over lunch and shared our recurrent errors of judgement.

➡

**108** Voters demanded that there should be greater in the election process so that they could see and understand it clearly. 2023 지방직 9급

➡

**109** One reason for upsets in sports — in which the team predicted to win and supposedly superior to their opponents surprisingly loses the contest — is that the superior team may not have perceived their opponents as threatening to their continued success. 2023 지방직 9급

➡

**110** The human need for meaningful connectivity with others, in order to deepen our relationships, is what we all crave, and yet there are countless articles and studies suggesting that we are lonelier than we ever have been and loneliness is now a world health epidemic. 2023 지방직 9급

➡

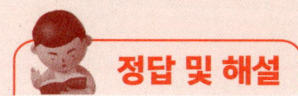

## 정답 및 해설

**107** (In 2003), Amos Tversky, **my younger colleague**, and I met over lunch and shared our recurrent errors (of judgement).

→ Amos Tversky을 동격/부연설명하는 부분이다.

**전문번역** 2003년에 내 어린 동료인 Amos Tversky와 나는 점심을 먹으려고 만나서 반복적인 판단 오류를 공유했다.

**중요어휘** meet over ~을 먹으려고 만나다  recurrent 반복되는  error 오류  judegement 판단

**108** Voters demanded / that there should be greater transparency (in the election process) / **so that** they could see and understand **it** clearly.

→ so that은 '목적'을 나타내는 부사절 접속사이다.
→ 여기서 대명사 it은 election process를 받는다.

**전문번역** 유권자들은 선거 절차를 명확히 보고 이해할 수 있도록 하기 위해 선거 절차에 더 큰 투명성이 있어야 한다고 요구했다.

**중요어휘** demand 요구하다  transparency 투명성  election process 선거과정

**109** One reason (for upsets) (in sports) — (in which the team / **predicted** to win / and supposedly **superior** to their opponents / surprisingly loses the contest) — is **that** the superior team may not have **perceived** their opponents **as** threatening to their continued success.

→ 동사가 아닌 과거분사로, 선행사인 the team을 수식한다.
→ predicted와 superior는 병렬관계이다.
→ 명사절을 이끄는 접속사로, 보어 자리에 위치하고 있다.
→ perceive A as B는 'A를 B라고 인식하다, 인지하다'라고 해석한다.

**전문번역** 스포츠에서 이길 것으로 예상되고 추정상 상대 팀보다 우세한 팀이 경기에서 놀랍게도 지게 되는 예상 밖 승리의 한 가지 이유는 우세한 팀이 상대 팀을 자신의 지속적인 성공(승리)에 위협적이라고 여기지 않았을 수 있기 때문이다.

**중요어휘** upset 혼란 상황, 예상 밖의 승리  superior 우월한  opponent 상대편, 상대방
perceive A as B A를 B라고 인식하다, 인지하다

**110** The human need (for meaningful connectivity) (with others), (in order to deepen our relationships), is what we all crave, and yet there are countless articles and studies (**suggesting** / that we are lonelier than we ever have been / and loneliness is now a world health epidemic).

→ 현재분사로, 선행명사인 articles and studies를 수식한다.

**전문번역** 우리의 인간관계를 깊어지게 하기 위한 다른 사람들과의 의미 있는 인간 관계 맺기에 대한 인간의 욕구는 우리 모두가 갈망하는 것이지만, 우리는 그 어느 때보다 외로우며 외로움은 이제 전 세계적인 전염병이 되었다는 것을 보여주는 수많은 기사와 연구들이 있다.

**중요어휘** connectivity 연결  deepen 깊어지다  crave 열망하다  countless 수많은
epidemic 전염병

**111** 'Globalization' boosted trade, encouraged productivity gains and lowered prices, but critics alleged that it exploited the low-paid, was indifferent to environmental concerns and subjected the Third World to a monopolistic form of capitalism. 2021 국가직 9급

➡

**112** Six-year-old Mary was given a simple train set for her birthday, but it took up all the floor space in her room.

➡

**113** No sooner had he finished one task than he was asked to do another one.

➡

**114** Tsunamis are often preceded by the retreat of water away from the shoreline, luring unsuspecting beachgoers onto the exposed sea floor moments before the tsunami arrives.

➡

**115** In Eastern Europe the collapse of communist systems was followed by the creation of states with different structures in relation to religion.

➡

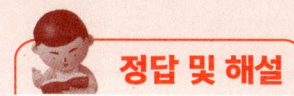

## 정답 및 해설

**111** 'Globalization' boosted trade, encouraged productivity gains and lowered prices, / but critics alleged / that it exploited the low-paid, was indifferent to environmental concerns and subjected the Third World to a monopolistic form of capitalism.

→ boosted ~, encouraged ~ and lowered는 병렬관계이다.

→ exploited ~, was ~ and subjected ~는 병렬관계이다.

→ 'subject A to B'는 'A를 B에 종속/굴복시키다'라는 의미이다.

**전문번역** '세계화'는 무역을 활성화시키고, 생산성 향상을 장려하고, 가격을 낮췄지만, 비판자들은 그것이 저임금 노동자들을 착취하고, 환경 문제에 무관심하며 제3세계를 독점적인 형태의 자본주의에 종속시켰다고 주장했다.

**중요어휘** productivity gain 생산성 향상  allege (혐의를) 제기하다, 주장하다  exploit 착취하다  the low-paid 저임금 노동자들  indifferent 무관심한  environmental concerns 환경 문제  subject 종속시키다, 굴복시키다

**112** Six-year-old Mary was given a simple train set (for her birthday), but it took up all the floor space (in her room).

→ be given은 '~을 받다'라는 의미이다.

→ take up은 구동사로 '차지하다(= occupy)'라는 의미이다.

**전문번역** 6살 Mary는 생일 선물로 열차 세트를 선물받았지만, 그 장난감은 그녀의 방의 모든 바닥의 공간을 차지했다.

**중요어휘** take up 차지하다

**113** No sooner had he finished one task than he was asked to do another one.

→ 'S had no sooner p.p. than S 과거V'는 'S가 V하자마자 S가 V했다'라는 의미이다. 부정부사인 no sooner가 문두로 나오게 되면서 도치가 발생했다.

**전문번역** 그는 하나의 일을 끝내자마자 다른 일을 하도록 요구받았다.

**중요어휘** task 일, 업무

**114** Tsunamis are often preceded (by the retreat of water) (away from the shoreline), luring unsuspecting beachgoers (onto the exposed sea floor) / moments before the tsunami arrives.

→ be preceded by는 주어로 제시된 사건이 발생하기 전에 by 이하에 제시된 사건이 먼저 발생했다는 뜻이기 때문에, '주어에 앞서' 정도로 해석하는 것이 좋다.

→ moments before는 '~하기 직전에'라는 의미이다.

**전문번역** 쓰나미에 앞서 보통 해안가로부터 물이 빠지는 현상이 일어나는데, 이는 아무것도 모르는 해수욕하는 사람들을 드러난 바다 바닥으로 유인하고 그 순간 쓰나미가 덮친다.

**중요어휘** tsunami 쓰나미  precede 앞서다  retreat 후퇴  shoreline 해안가  lure 유혹하다  unsuspecting 아무것도 모르는, 순진한  beachgoer 해변가 방문객

**115** (In Eastern Europe) the collapse (of communist systems) was followed (by the creation of states) (with different structures) (in relation to religion).

→ be followed by는 주어로 제시된 사건이 먼저 발생하고 그 이후에 by 이하의 사건이 발생한 경우에 사용한다. 따라서, '주어에 이어서' 정도로 해석하는 것이 좋다.

**전문번역** 동유럽에서 공산주의 체제의 붕괴에 이어서 종교에 관해서 다른 구조를 가진 국가들이 생겨났다.

**중요어휘** collapse 붕괴  communist system 공산주의 체제  creation 창조, 탄생  in relation to ~에 관하여  religion 종교

**116** The environmental movement itself grew out of the recognition that the world was interconnected, and an angry, if diffuse, international coalition of interests emerged. 2021 국가직 9급

➡

**117** I am convinced that there is a direct correlation between job satisfaction and how empowered people are to fully execute their job without someone shadowing them every step of the way. 2021 지방직 9급

➡

**118** Who was it that a survivor in the building saw hurrying away from the truck carrying the explosives moments before the blast?

➡

**119** It was not until the mid-eighteenth century in England that agricultural improvements made it possible for more food to be grown to meet the demand of a growing population.

➡

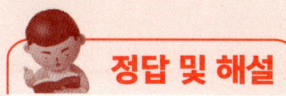

## 정답 및 해설

**116** The environmental movement (itself) grew out of the recognition / that the world was interconnected, / and an angry, if diffuse, international coalition (of interests) emerged.

(S: The environmental movement / V: grew out of / S: international coalition / V: emerged)

- grow out of는 '~에서 태생하다'라는 의미이다.
- 선행명사가 있고 완전한 문장이 이어지고 있는 동격의 that이다.
- 여기서 형용사 angry는 international coalition을 수식한다.

**전문번역** 환경 운동 자체는 전 세계가 서로 연결되어 있다는 인식에서 탄생하였고, 운동이 확산된 경우, 분노한 국제적 이익 연합이 출현했다.

**중요어휘** recognition 인식 interconnect 서로 연결시키다 diffuse 널리 퍼진, 확산된 coalition 연합

**117** I am convinced / that there is a direct correlation (between job satisfaction and how empowered people are) / to fully execute their job (without someone / shadowing them / every step of the way).

(S: I / V: am convinced / V′: is / S′: a direct correlation / A: job satisfaction / B: how empowered people are)

- convince A B는 4형식 동사로 사용되어 'A에게 B를 설득/납득시키다'라는 의미이다.
- that절은 convince의 목적어이다. convince가 4형식 동사로 사용되고 있으므로 수동태가 되어도 목적어가 있다.
- to 이하는 분사(형용사) empowered를 수식하는 부사이다.
- shadowing 이하는 동명사의 의미상의 주어이다.

**전문번역** 나는 직업 만족도와 모든 단계마다 그림자처럼 따라다니는 누군가가 없이 일을 완전히 수행할 수 있도록 사람들이 얼마나 권한을 부여받는지 사이에 직접적인 상관관계가 있다고 확신한다.

**중요어휘** correlation 상관관계 empower 권한을 주다 execute 실행하다 shadow 그림자처럼 따라다니다

**118** Who was it that a survivor (in the building) saw hurrying away from the truck / carrying the explosives / moments before the blast?

(O: Who was it that / S: a survivor / V: saw / O.C.: hurrying away)

- '도대체 누구'라는 의미이다.
- '~하기 직전에'라는 의미이다.

**전문번역** 그 건물의 한 생존자는 폭발 직전에 폭발물을 운반하던 트럭에서 성급히 달아나는 사람을 봤는데, 그 사람은 도대체 누구였을까?

**중요어휘** survivor 생존자 explosive 폭발물 blast 폭발

**119** It was not until the mid-eighteenth century in England that agricultural improvements made it possible for more food to be grown / to meet the demand of a growing population.

(부사구 강조: not until the mid-eighteenth century in England / S: agricultural improvements / V: made / 가목: it / O.C.: possible / 의미상 주어: for more food / 진목: to be grown)

- it ~ that 강조구문이다.

**전문번역** 영국에서 18세기 중반이 돼서야 농업의 발전으로 인해 점점 증가하는 인구의 수요를 충족하기 위해 더 많은 식량이 재배되는 것이 가능해졌다.

**중요어휘** improvement 향상, 개선 grow 재배하다 meet the demand 수요를 충족하다

**120** Ancient philosophers and spiritual teachers understood the need to balance the positive with the negative, optimism with pessimism, a striving for success and security with an openness to failure and uncertainty. 2021 지방직 9급

⇒

**121** As feelings of anger build up among family members, such families are likely to turn into an empty shell, in which family members carry out the obligations of their roles but without mutual love or understanding.

⇒

**122** Among Muslims in Egypt, the bereaved are encouraged to dwell at length on their grief, surrounded by others who relate to similarly tragic accounts and express their sorrow.

2022 국가직 9급

⇒

**123** Sustained g-force applied while the body is horizontal, or lying down, instead of sitting or standing tends to be more tolerable to people, because blood pools in the back and not the legs. 2022 국가직 9급

⇒

정답 및 해설

**120** Ancient philosophers and spiritual teachers understood the need / to balance the positive with the negative, optimism with pessimism, a striving (for success and security) with an openness (to failure and uncertainty).

→ to 이하는 선행명사인 the need를 수식한다.
→ balance A with B는 'A와 B의 균형을 맞추다'라는 의미이다.
→ balance에 걸리는 전치사이다.
→ balance에 걸리는 전치사이다.

전문번역 고대 철학자들과 영적 지도자들은 긍정적인 것과 부정적인 것, 낙관주의와 비관주의, 성공과 안전을 위한 노력과 실패와 불확실성에 대한 개방의 균형을 유지해야 할 필요성을 이해했다.

중요어휘 spiritual 영적인  balance A with B A와 B의 균형을 맞추다  optimism 낙관주의  pessimism 비관주의  strive 노력하다  security 안보, 안전

**121** As feelings of anger build up among family members, / such families are likely to turn into an empty shell, / in which family members carry out the obligations of their roles / but (carry out 이하 생략) (without mutual love or understanding).

→ 'be likely to+RV'는 '~할 것 같다'라는 의미이며, 하나의 덩어리로 인식하는 것이 좋다.
→ in which는 전치사와 관계대명사 각각의 뜻을 해석하여, '그것 안에서'라고 해석하면 된다.

전문번역 화라는 감정이 가족 구성원들 사이에서 쌓일 때 그런 가족들은 텅 빈 껍데기로 변할 가능성이 있다. 그 껍데기 안에서 가족 구성원들은 상호간의 사랑이나 이해 없이 자신의 역할을 수행한다.

중요어휘 shell 껍데기  carry out 수행하다  obligation 의무  mutual 상호간의

**122** (Among Muslims) (in Egypt), the bereaved are encouraged to dwell (at length) on their grief, / surrounded (by others) (who relate to similarly tragic accounts and express their sorrow).

→ dwell on은 '심사숙고하다'라는 의미인데, 그 사이에 전치사구인 at length가 있어 파악이 쉽지 않다.

전문번역 이집트의 무슬림들 사이에서는 유가족들은 유사하게 비극적인 이야기를 하거나 자신의 슬픔을 표현하는 다른 사람들에 의해 둘러싸여 자신들의 상실감(가족을 잃은 것에 대한 슬픔)에 대해서 오랫동안 생각하도록 권장받는다.

중요어휘 bereave 사별하다  dwell on ~을 깊이 생각하다  grief 상실감, 슬픔  surround 둘러싸다  relate to ~에 대해 언급하다  tragic 비극적인  account 장부, 설명  sorrow 슬픔

**123** Sustained g-force (applied while the body is horizontal, or lying down), (instead of sitting or standing) tends to be more tolerable to people, / because blood pools (in the back) and not (in) the legs.

→ applied는 과거분사로, g-force를 수식한다.
→ 여기서 pool은 동사로 사용되고 있다.
→ 전치사 in은 앞에서 반복되기 때문에 생략되었다.

전문번역 앉거나 서 있는 대신 신체를 수평으로 하거나 누워있을 때 가해지는 지속적인 g-중력은 피가 다리가 아닌 등에 고이기 때문에 사람들이 좀 더 견딜만하다.

중요어휘 sustain 지속되다  apply (힘을) 가하다, 지원/적용하다  horizontal 수평의  tolerable 견딜 만한  pool 모으다

PART 01 | 고난도 구문독해 훈련   71

**124** Aristotle distinguished between essential and accidental properties. Essential properties are those without which a thing wouldn't be what it is, and accidental properties are those that determine how a thing is, but not what it is.

➡

**125** The standard written language that we know today was established during the early part of the Modern English period. The standardization of the language was due in the first place to the need of the central government for regular procedures by which to conduct its business, to keep its records, and to communicate with the citizens of the land.

➡

**126** Whatever the reason, if you routinely make your correct answers longer than your incorrect answers, all but your truly oblivious students will figure out what's going on.

➡

**127** No matter how many times the results of experiments agree with some theory, you can never be sure that the next time the result will not contradict the theory. 2019 서울시 9급

➡

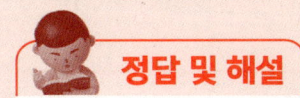
## 정답 및 해설

**124** Aristotle distinguished (between essential and accidental properties). Essential properties are those (without which a thing wouldn't be what it is), and accidental properties are those / that determine / how a thing is, / but not what it is.

> 가정법이 포함된 관계대명사절이다. without which 는 '필수적 속성이 없다면'이라고 가정의 뉘앙스로 해석해야 한다.

> does not determine을 not으로 축약했다.

**전문번역** Aristotle는 본질적 속성과 우발적인 속성을 구분했다. 본질적 속성은 그것이 없다면 한 사물이 그것으로서 존재할 수 없을 속성이고, 우발적 속성은 그것이 무엇이냐가 아니라, 그것이 존재하는 방식을 결정하는 속성이다.

**중요어휘** distinguish 구분하다, 구별하다　essential 필수적인　accidental 우발적인
property 속성, 재산(부동산)

**125** The standard written language (that we know today) was established (during the early part of the Modern English period). The standardization (of the language) was due (in the first place) to the need of the central government (for regular procedures) (by which to conduct its business, to keep its records, and to
= the central government could conduct ~, keep ~, and communicate ~
communicate with the citizens of the land.)

> be due to는 '~ 때문이다'라는 의미이다.

> 여기서 관계사절의 선행사는 regular procedures이다.

**전문번역** 오늘날 우리가 알고 있는 표준 문어체 언어는 근대 영어 초기에 확립되었다. 언어의 표준화는 무엇보다도 업무를 수행하고 기록을 하며 국민들과 의사소통을 하기 위한 표준 절차에 대한 중앙 정부의 필요성에서 기인하였다.

**중요어휘** establish 확립하다　standardization 표준화　be due to ~ 때문이다　procedure 절차
conduct 수행하다

**126** Whatever the reason, if you routinely make your correct answers longer / than your incorrect answers, all (but your truly oblivious students) will figure out / what's going on.

> 복합관계대명사절 안에 있는 동사가 be동사인 경우에는 생략이 가능하다. 따라서, whatever the reason is에서는 is가 생략되었다.

> but은 전치사로, '~을 제외한'이라는 의미로 사용되었다.

**전문번역** 이유가 무엇이든 간에, 일상적으로 정답을 오답보다 더 길게 만들면. 정말로 둔한 학생들을 제외한 모든 학생들이 일이 어떻게 벌어지고 있는지(즉, 정답이 어떤 식으로 구성되는지)를 알아낼 것이다.

**중요어휘** routinely 일상적으로　oblivious 의식하지 못하는

**127** No matter how many times the results of experiments agree with some theory, / you can never be sure / that the next time the result will not contradict the theory.

> 'no matter how+형/부'는 '아무리 ~한다 해도'라는 의미이며, 부사절을 이끈다.

**전문번역** 실험 결과가 일부 이론과 수 차례에 걸쳐서 일치한다고 해도, 다음번에도 그 결과가 그 이론에 불일치하지 않을 것이라는 점을 확신할 수는 없다.

**중요어휘** contradict 모순되다

**128** However popular this premise is, it directly contradicts the observation of Aristotle, who perceived that "all learning is accompanied by pain," and its *corollary that where there is no pain there is no learning.

*corollary: 당연한 귀결

➡

**129** Those who learn English as a foreign language tend to read English texts slowly and consult a dictionary whenever they come across unfamiliar words. 2015 지방직 9급

➡

**130** When adults in their early 30s were asked to write imaginative stories, the most creative ones came from those whose parents had the most conflict a quarter-century earlier.

2022 지방직 9급

➡

**131** If you consider yourself "naturally" shy, putting in the time and effort to develop your social skills can enable you to interact with people at social occasions with energy, grace, and ease. 2023 지방직

➡

## 정답 및 해설

**128** However popular this premise is, / it directly contradicts the observation of Aristotle, / who perceived / that "all learning is accompanied by pain," / and its corollary / that where there is no pain there is no learning.

→ however는 no matter how로 바꿔 쓸 수 있다.
→ contradict의 두 번째 목적어이다.
→ 선행사가 추상명사이고 완전한 문장이 이어지고 있는 것으로 보아, 동격의 that이다.

**전문번역** 이 전제가 아무리 인기 있다고 할지라도, 그 전제는 '모든 학습은 고통을 수반한다.'고 인식했던 Aristotle의 관찰과 고통이 없는 경우에는 배움도 없다는 당연한 귀결에 직접적으로 배치된다.

**중요어휘** premise 전제  contradict 모순되다  perceive 인지하다  accompany 동반하다

**129** Those (who learn English as a foreign language) tend to read English texts slowly and consult a dictionary / whenever they come across unfamiliar words.

→ to read와 consult는 병렬 관계이다.

**전문번역** 영어를 외국어로 배우는 사람들은 친숙하지 않은 단어를 마주칠 때마다 영어로 된 글을 천천히 읽고 사전을 참고하는 경향이 있다.

**중요어휘** consult 상담하다, 논의하다   come across 우연히 마주치다

**130** When adults (in their early 30s) were asked to write imaginative stories, / the most creative ones came from those (whose parents had the most conflict a quarter-century earlier).

→ 'ask+O+O.C.'는 '~가 …하도록 요청하다'라는 의미의 5형식 구조이다.
→ ones는 stories를 받는 대명사이다.
→ 소유격 관계대명사는 '~(선행사)의'라는 표현을 붙여서 직독직해로 해석한다.
→ 시간부사구이다.

**전문번역** 30대 초반의 어른들에게 상상력이 풍부한 이야기를 쓰라고 요청받았을 때, 가장 창의적인 이야기는 25년 전에 부모님이 가장 많은 갈등을 겪었던 사람들로부터 나왔다.

**중요어휘** in one's early 30s 30대 초반의   imaginative 창의적인, 상상력이 풍부한   conflict 갈등, 충돌

**131** If you consider yourself "naturally" shy, / putting in the time and effort (to develop your social skills) can enable you to interact with people at social occasions (with energy, grace, and ease).

→ 'with+추상명사'는 부사 역할을 한다.

**전문번역** 당신 스스로가 '원래부터' 수줍음이 많다고 생각한다면 사교적 능력 개발에 시간과 노력을 들이는 것은 사교적인 행사에서 사람들과 활기차게, 우아하게, 편안하게 교류하는 것을 가능케 할 수 있다.

**중요어휘** shy 수줍은   put in (시간이나 노력을) 쏟다   enable 가능하게 하다   interact with ~와 상호작용하다   social occasion 사교적인 행사   grace 우아함   ease 편안함

**132** Dr. Roossinck and her colleagues found by chance that a virus increased resistance to drought on a plant that is widely used in botanical experiments. 2023 지방직 9급

➡

**133** Even so, most of maple syrup producers are family farmers who collect the buckets by hand and boil the sap into syrup themselves. 2023 지방직 9급

➡

**134** The renowned editor said he could pick up any one of the dozens of stories that came to his desk every day and after reading a few paragraphs he could feel whether or not the author liked people. 2023 지방직 9급

➡

**135** More recently, however, things have begun to change. AI has gone from being a scary black box to something people can use for a variety of use cases. 2023 지방직 9급

➡

## 정답 및 해설

**132** Dr. Roossinck and her colleagues found (by chance) / that a virus increased resistance (to drought) (on a plant) (that is widely used in botanical experiments).

> 명사절 접속사 that은 동사 find의 목적어이다.

**전문번역** Roossinck 박사와 그녀의 동료들은 우연히 식물 실험에 널리 사용되는 식물의 가뭄에 대한 저항력을 한 바이러스가 증가시켰다는 사실을 발견했다.

**중요어휘** by chance 우연히   resistance 저항   drought 가뭄   botanical 식물의

**133** Even so, / most of maple syrup producers are family farmers (who collect the buckets by hand and boil the sap into syrup themselves).

> collect와 boil은 병렬관계이다.
> 전치사 into는 '변화'를 나타내기 때문에 boil A into B는 'A를 끓여서 B로 만들다'라는 의미이다.

**전문번역** 그럼에도, 단풍나무 시럽 생산자 대부분은 손으로 통을 수거하고 직접 수액을 끓여 시럽으로 만드는 가족 단위의 농부들이다.

**중요어휘** collect 모으다   boil 끓이다   sap 수액

**134** The renowned editor said (that 생략) he could pick up any one (of the dozens) (of stories) (that came to his desk every day) / and (after reading a few paragraphs) he could feel whether or not the author liked people.

> whether는 명사절로 feel의 목적어이다.

**전문번역** 그 유명한 편집자는 그가 매일 자신의 책상에 오는 수십 편의 이야기 중 어느 하나든 골라 몇 단락만 읽어도 그 저자가 사람들을 좋아하는지 아닌지를 느낄 수 있다고 말했다.

**중요어휘** renowned 유명한   dozens of 수십 개의   paragraph 단락

**135** More recently, / however, / things have begun to change. AI has gone (from being a scary black box) (to something) (people can use) (for a variety of use cases).

> go from A to B는 'A에서 B로 변하다라는 의미이다.

**전문번역** 하지만 최근에는 상황이 달라지기 시작했다. AI는 무서운 블랙박스에서 사람들이 다양한 활용 사례에 이용할 수 있는 무언가로 바뀌었다.

**중요어휘** things 상황   scary 무서운

**136** Unlike when someone asks you about an objective performance metric (e.g., how many dollars in sales you brought in this quarter), how to subjectively describe your performance is often unclear. 2023 지방직 9급

➡

**137** Because being anxious can be an uncomfortable and scary experience, we resort to conscious or unconscious strategies that help reduce anxiety in the moment — watching a movie or TV show, eating, video-game playing, and overworking. 2023 지방직 9급

➡

**138** Getting your information management down to a more manageable level and into a productive zone starts by minimizing the number of in-boxes you have. 2023 지방직 9급

➡

**139** Hospice, a special concept of care, is designed to provide comfort and support to patients and their families when a life-limiting illness no longer responds to treatments.

➡

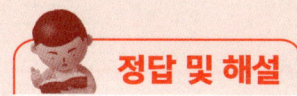

## 정답 및 해설

**136** (Unlike when someone asks you about an objective performance metric (e.g., how many dollars in sales you brought in this quarter)), / how to subjectively describe your performance is often unclear.

- 전치사+명사절
- S(명사구)
- V  S.C.

▶ 부사 subjectively는 동사 describe를 수식한다.

**전문번역** 누군가가 당신에게 객관적인 성과 지표(예를 들어, 이번 분기에 당신이 몇 달러의 매출을 가져왔는지)에 대해 물어볼 때와 다르게, 주관적으로 당신의 성과를 묘사하는 방법은 종종 불분명하다.

**중요어휘** objective 객관적인  metric 미터법  quarter 분기  subjective 주관적인  describe 묘사하다  unclear 불분명한

**137** Because being anxious can be an uncomfortable and scary experience, / we resort to conscious or unconscious strategies (that help reduce anxiety in the moment) — watching a movie or TV show, eating, video-game playing, and overworking.

- S  V  S.C.  S  V
- O

▶ help는 목적어 자리에 부정사나 동사원형이 위치한다.

▶ 대쉬 앞에서 소개한 '의식적인, 무의식적인 전략'에 대한 부연설명이다.

**전문번역** 불안해하는 것은 불편하고 무서운 경험이 될 수 있기에, 우리는 영화나 TV 쇼 시청하기, 먹기, 비디오 게임 하기, 과로하기 등 순간의 불안을 줄이는 데 도움이 되는 의식적 또는 무의식적 전략들에 의지한다.

**중요어휘** anxious 불안한  scary 무서운  resort to ~에 의지하다  unconscious 무의식적인  reduce 줄이다  anxiety 불안  moment 순간

**138** Getting your information management down to a more manageable level and into a productive zone / starts / by minimizing the number of in-boxes (you have).

- S(명사구)
- V

▶ get A down to B는 'A를 B로 낮추다'라는 의미이다.

**전문번역** 당신의 정보 관리를 더 관리하기 쉬운 수준으로 낮추고 생산적인 영역으로 전환시키는 것은 당신이 가진 받은 메일함의 수를 최소화함으로써 시작한다.

**중요어휘** manageable 관리할 수 있는  productive 생산적인  minimize 최소화하다  in-box 받은 메일함

**139** Hospice, a special concept of care, is designed / to provide comfort and support (to patients and their families) / when a life-limiting illness no longer responds to treatments.

- S  V
- S  V

▶ hospice에 대한 동격설명이다.

**전문번역** 특별한 돌봄의 개념인 호스피스는 시한부 질병이 더 이상 치료에 반응하지 않을 때 환자와 그들의 가족들에게 위로와 지원을 제공하도록 만들어졌다.

**중요어휘** life-limiting 생명을 제한하는  respond to ~에 반응하다

**140** Nothing is more frustrating than arriving at your destination only to realize that you have left behind your toothbrush, pajamas, important medication, or travel documents.

➡

**141** Initially, papyrus and parchment were kept as scrolls that could be unrolled either vertically or horizontally, depending on the direction of the script.

➡

**142** Strangely enough, the Teddy Bear Effect refers to the phenomenon where a passive listener appears to give wisdom to a speaker without doing anything other than listening.

➡

**143** A team of researchers has found that immunizing patients with bee venom instead of with the bee's crushed bodies can better prevent serious and sometimes fatal sting reactions in the more than one million Americans who are hypersensitive to bee stings. 2013 국가직 9급

➡

## 정답 및 해설

**140** Nothing is more frustrating than arriving at your destination only to realize that you have left behind your toothbrush, pajamas, important medication, or travel documents.

→ no ~ more ~ than은 간접적인 최상급의 형태로, 'than 이하가 가장 ~하다'라고 해석한다.

→ only to RV는 '결국에는 ~하게 되다'라고 해석하며 부정적인 결과를 제시할 때 사용한다.

**전문번역** 당신의 목적지에 도착했을 때 당신이 칫솔과 잠옷과 중요한 약이나 여행 관련 서류들을 두고 왔다는 것을 (뒤늦게) 깨닫는 것보다 더 좌절스러운 것은 없다.

**중요어휘** destination 목적지   leave behind ~을 두고 오다

**141** Initially, / papyrus and parchment were kept (as scrolls) (that could be unrolled / either vertically or horizontally), (depending on the direction of the script).

→ 부사 vertically와 horizontally는 병렬관계이다.

**전문번역** 초기에, 파피루스와 양피지는 문서의 방향에 따라 수직으로 혹은 수평으로 펼쳐질 수 있는 스크롤로 보관되었다.

**중요어휘** initially 처음에는   unroll 펼치다   vertically 수직으로   horizontally 수평으로   depending on ~에 따라

**142** Strangely enough, / the Teddy Bear Effect refers to the phenomenon (where a passive listener appears to give wisdom to a speaker) (without doing anything other than listening).

→ 부사구 strangely enough는 문장 전체를 수식한다.

**전문번역** 이상하게 들리겠지만, 테디베어 효과는 수동적인 청취자가 듣는 것 외에는 아무 것도 하지 않으면서 화자에게 지혜를 주는 것처럼 보이는 현상을 가리킨다.

**중요어휘** refer to ~을 가리키다   phenomenon 현상   passive 수동적인   other than ~ 이외에

**143** A team (of researchers) has found / that immunizing patients (with bee venom) (instead of with the bee's crushed bodies) can better prevent serious and sometimes fatal sting reactions (in the more than one million Americans) (who are hypersensitive to bee stings).

→ 여기서 patients는 동명사 immunizing의 목적어이다.

**전문번역** 한 연구팀은 벌의 으깨진 시체 대신 벌의 독으로 환자가 면역력을 갖도록 하는 것이 벌침에 매우 민감한 100만 명 이상의 미국인들로부터 심각하고 때때로 치명적인 벌침 반응을 더 잘 예방할 수 있음을 찾아냈다.

**중요어휘** immunize 면역력을 갖게 하다   venom 독   crush 으깨다   fatal 치명적인   sting 벌침   reaction 반응   hypersensitive 과민한

**144** Whether you've been traveling, focusing on your family, or going through a busy season at work, 14 days out of the gym takes its toll — not just on your muscles, but your performance, brain, and sleep, too. 2017 지방직 9급

➡

**145** Vidocq, whose real-life deeds made him the model for fictional detectives from Edgar Allan Poe to Agatha Christie, lived a life filled with adventure and accomplishment.

➡

**146** The emphasis on decoding, translated mainly as phonemic awareness and knowledge of the alphabetic principle, has led schools to search for packaged or commercially produced reading programs that help students master the skills of decoding. 2014 국가직 9급

➡

## 정답 및 해설

**144** Whether you've been **traveling**, **focusing** on your family, or **going** through a busy
　　　　　　　　　　　　　S　　　　V1　　　　V2　　　　　　　　　　　　　　　V3
season at work, / 14 days (out of the gym) takes its toll — not just on your
　　　　　　　　　　　S　　　　　　　　　　　　V
muscles, but (on 생략) your performance, brain, and sleep, too.

> traveling ~, focusing ~, or going ~은 병렬관계이다.

전문번역　당신이 여행 중이든, 가족에게 집중하고 있든, 혹은 일하느라 바쁜 시간을 보내고 있든지 간에, 헬스장을 14일 넘게 가지 않으면 대가를 치르게 되어 있다 — 당신의 근육뿐 아니라 작업 능력, 두뇌, 그리고 수면까지 말이다.

중요어휘　take one's toll on ~에 타격을 가하다


**145** Vidocq, (whose real-life deeds made him the model (for fictional detectives) (from
　　　　　S　　　　　　　S　　　　V　　O　　O.C.
Edgar Allan Poe) (to Agatha Christie)), lived a life (filled with adventure and
　　　　　　　　　　　　　　　　　　　　V　　O
accomplishment).

> filled는 life를 수식하는 과거분사이다.

전문번역　Vidocq의 실제 행동으로 인해 Edgar Allan Poe에서 Agatha Christie에 이르기까지 소설 속 탐정의 본보기가 되었는데, Vidocq는 모험과 성취로 가득 찬 삶을 살았다.

중요어휘　deed 행동, 행위　fictional 허구의　detective 탐정　accomplishment 성취


**146** The emphasis (on decoding), (translated mainly as phonemic awareness and
　　　　　　S
knowledge of the alphabetic principle), has led schools to search for packaged or
　　　　　　　　　　　　　　　　　　　　V　　　O　　O.C.
commercially produced reading programs (that help students master the skills of
decoding).

> 'lead+O+to RV'는 '~가 …하도록 이끌다'라고 해석한다.

전문번역　주로 음소 인식과 알파벳의 원칙에 관한 지식으로 번역되는 해독을 강조하는 것은 학교들을 학생들이 해독 기술을 익히도록 돕는 일괄적 혹은 상업적으로 생산되는 독서 프로그램을 찾게 하였다.

중요어휘　emphasis 강조　decode 해독하다　translate 번역하다　phonemic 음소의
　　　　　awareness 인식　alphabetic 알파벳의　package 포장하다　commercially 상업적으로

**147** Although Albert Einstein's *Theory of Relativity* revolutionized physics, his mathematical models were based on the erroneous assumption that the universe is static — all the components are fixed in time and space. 2014 국가직 9급

➡

**148** Unfortunately, the teacher-in-space program was indefinitely put on hold. So were NASA's plans to send musicians, journalists, and artists to space. 2013 국가직 9급

➡

**149** How on earth will it help the poor if governments try to strangle globalization by stemming the flow of trade, information, and capital — the three components of the global economy?

2017 국가직 9급

➡

**150** Psychodrama as a form of group therapy started with premises that were quite alien to the Freudian worldview that mental illness essentially occurs within the psyche or mind.

2017 국가직 9급

➡

## 정답 및 해설

**147** Although Albert Einstein's *Theory of Relativity* revolutionized physics, / his
        S             V      O
mathematical models were based on the erroneous assumption / **that** the universe
    S      V      전치사의 목적어
is static — **all the components are fixed in time and space**.

> '가정'이라는 추상적인 의미의 선행명사인 assumption이 있고, 완전한 문장이 이어지고 있는 것으로 보아 that은 동격이다.

**전문번역** 비록 Albert Einstein의 상대성 이론이 물리학을 완전히 뒤엎었지만, 그의 수학적 모델은 우주는 정적이라는 — 즉, 모든 요소들이 시공간에 고정되어 있다는 — 잘못된 가정에 기반했다.

> 앞에서 언급한 우주가 정적이라는 내용에 대해 대쉬(dash) 뒤에서 부연설명하고 있다.

**중요어휘** revolutionize 대변혁을 일으키다 physics 물리학 mathematical 수학적인 erroneous 잘못된 assumption 가정 static 정적인 component 요소 fixed 고정된

**148** Unfortunately, / the teacher-in-space program was indefinitely put on hold. **So**
            S         V
**were NASA's plans** (to send musicians, journalists, and artists) (to space).
 V   S

> so 뒤가 도치된 것으로 보아 동의표현임을 알 수 있다. 따라서, '주어도 역시 그러하다'라고 해석한다.

**전문번역** 불행하게도, 우주 속 선생님이라는 프로그램은 무기한 연기되었다. 우주로 음악가, 언론인, 그리고 예술가를 보내려는 나사의 계획들도 그러하다(연기되었다).

**중요어휘** put something on hold 무언가를 지연시키다 indefinitely 무기한으로

**149** How (on earth) will it help the poor / if governments try to strangle globalization
          S V  O     S   V     O
(**by stemming** the flow of trade, information, and capital) — **the three components
of the global economy**?

> by -ing는 '~함으로써'라는 의미이다.

> 앞에서 열거한 '무역, 정보, 그리고 자본'에 대한 부연설명이다.

**전문번역** 정부가 만약 세계 경제의 세 요소인 무역, 정보, 그리고 자본의 흐름을 막음으로써 세계화를 저지하려고 시도한다면 도대체 어떻게 가난한 이들을 도울 것인가?

**중요어휘** on earth 도대체 strangle 질식시키다 stem 막다, 저지하다 capital 자본 component 요소

**150** Psychodrama (as a form of group therapy) started (with premises) (that were quite
    S               V
alien to the Freudian worldview) (**that** mental illness essentially occurs within the
psyche or mind).

> '세계관'이라는 추상적인 의미의 선행명사인 worldview가 있고, 완전한 문장이 이어지는 것으로 보아 동격의 that이다.

**전문번역** 집단 치료의 한 형태로서 심리극은 정신 질환이 본질적으로 심리 혹은 마음 안에서 발생한다는 프로이트적 세계관과는 상당히 다른 전제들로 시작되었다.

**중요어휘** therapy 치료법 premise 전제 alien 낯선, 이질적인 worldview 세계관 illness 병 psyche 마음, 정신

PART 01 | 고난도 구문독해 훈련 **85**

2024 김수환 구문독해 Signature Plus

# PART 02

## 재진술 사고 훈련

# PART 02 재진술 사고 훈련

[001~040] 주어진 문장을 가장 적절하게 재진술한 선지를 고르시오.

**001** Subsequent changes to an orignal invention do not represent new concepts at all, but rather extensions of the original innovative idea.

① No changes that are made to an original invention is completely new.
② Originality is essentially lost in the innovation of products.
③ When an original invention changes, so do the perceptions towards it.
④ New ideas about original inventions are continuously being generated.

**002** Whether a policy which is "good" in the aggregate sense is also "good" for a particular person is a different matter.

① In a collective sense, a "good" policy can be generalized to include any kind of individual.
② It does not matter whether a policy which is "good" can be "good" for all individuals.
③ It is wrong to assume that a "good" policy in general will also be "good" for a specific individual.
④ What is considered "good" for individuals does not necessarily have to be considered when making a policy.

**003** The company attributed a drop in second-quarter earnings from the first quarter to soaring material costs and a slowing of shipments to the United States.

① Surging material costs and slowed shipments caused second-quarter earnings to be less than those of the first quarter, the company said.
② Second-quarter earnings would not have been less than first quarter earnings, if material costs and transportation expense had not skyrocketed.
③ According to the company report, the scarcity of material and transportation caused earnings to soar in the second quarter.
④ The decline in second-quarter earnings decline accounts for a slower shipments to the United States.

 정답 및 해설

**001** 정답 ①

해석 최초의 발명품을 나중에 변화시키는 것은 새로운 콘셉트를 보여준다기보다는, 원래의 획기적인 아이디어의 연장선이다.
① 최초의 발명품에 대한 어떠한 변화도 완전히 새로운 것은 아니다.
② 제품의 혁신 속에서 독창성이 근본적으로 사라지게 된다.
③ 최초의 발명품이 변할 때, 그것에 대한 인식도 마찬가지로 변한다.
④ 최초의 발명품에 대한 새로운 아이디어는 계속해서 만들어지고 있다.

중요어휘 subsequent 뒤이은, 차후의   represent 나타내다, 대표하다   extension 연장선   completely 완전히   originality 독창성   perception 인지   generate 발생시키다, 야기하다

**002** 정답 ③

해석 총체적인 의미에서 '좋은' 정책이 또한 특정한 사람에게 '좋을' 것인지는 다른 문제이다.
① 집단적인 측면에서 '좋은' 정책은 일반화되어 모든 종류의 개인을 포함할 수 있다.
② '좋은' 정책이 모든 개인에게 '좋을' 것일지는 중요하지 않다.
③ 일반적으로 '좋은' 정책이 특정한 개인에게 또한 '좋을' 것이라고 추정하는 것은 옳지 않다.
④ 개인에게 '좋다'고 여겨지는 것은 정책을 만들 때 반드시 고려되어야만 하는 것은 아니다.

중요어휘 aggregate 종합적   particular 특정한   generalize 일반화하다   assume 추정하다, 가정하다   policy 정책

**003** 정답 ①

해석 2/4분기 수익이 1/4분기보다 줄어든 것은 치솟는 재료비와 미국으로의 선적 부진 때문이라고 회사 측은 말했다.
① 치솟는 재료비와 선적 부진이 1/4분기에 비해 2/4분기 수익이 더 적은 원인이라고 회사는 말했다.
② 재료비와 수송 비용이 급증하지 않았다면, 2/4분기 수익이 1/4분기보다 적지 않았을 것이다.
③ 회사 보고에 따르면, 원료와 수송 수단의 부족이 2/4분기 수익 폭등의 원인이었다.
④ 2/4분기 수익 하락 때문에 미국으로의 선적이 부진했다.

중요어휘 attribute A to B A를 B탓으로 돌리다   second-quarter 2/4분기   earning 수익   soar 치솟다   surge 급증하다   transportation 운송   expense 비용   skyrocket 치솟다   account for 설명하다   decline 감소

**004** What works in Korea will work in other parts of Asia but not necessarily the other way around.

① Those who work hard in Korea will work hard in other Asian nations, but this is not always true.
② Studies in Korea as well as Asia will be conducted across Asia.
③ That the degrees earned in Korea will be compatible in other Asian countries is not acceptable anymore in Asia.
④ What is effective in Korea will also apply to the rest of Asia, but the converse is not always true.

**005** Since there are three decades of evidence that dominating instruction with a system of controlling external rewards such as grades may contribute to inferior learning, using a pedagogy based on theories of intrinsic motivation appears to be a more reasonable and effective approach to enhancing learning among culturally diverse students.

① Since there are dominating evidence over three decades that giving external motivation to students is effective in their learning process, pedagogy based on intrinsic rewards are no longer deemed effective.
② Based on the evidence that pedagogy emphasizing intrinsic motivators has negative impacts on students with culturally diverse backgrounds, instruction system of giving external rewards seems to be a more effective and reasonable system.
③ It is deemed that intrinsic motivation is a more reasonable and effective educational implementation for students with similar cultural backgrounds, than a pedagogy based on giving extrinsic rewards.
④ Due to the potential negative effects of extrinsic motivators on learning, it seems to be more rational and successful to turn to an alternative teaching methodology using intrinsic rewards to help students from various cultural backgrounds to effectively learn.

## 정답 및 해설

**004** 정답 ④

해석 한국에서 통하는 것은 다른 아시아에서도 통할 것이지만, 반드시 역으로도 가능한 것은 아니다.
① 한국에서 열심히 일하는 사람들은 다른 아시아 국가에서도 열심히 일할 것이지만, 이것이 항상 그런 것도 아니다.
② 아시아뿐만 아니라 한국에 관한 연구는 아시아 전역에서 실시될 것이다.
③ 한국에서 취득한 학위가 다른 아시아 국가에서도 호환이 가능할 것이라는 것이 더 이상 아시아에서 용납되지 않는다.
④ 한국에서 효과적인 것은 다른 아시아 지역에서도 적용될 것이지만, 반대로 항상 적용되는 것은 아니다.

중요어휘 work 효과가 있다, 일하다   conduct 수행하다, 행하다   degree 학위   earn (노력으로) 얻어내다, 벌다
acceptable 수용 가능한   compatible 호환 가능한   converse 정반대

**005** 정답 ④

해석 성적과 같은 외적인 보상을 통제하는 체제를 가진 지배적인 가르침이 질 낮은 학습의 원인이 될 수도 있다는 30년간의 증거가 있기 때문에, 내적인 동기 부여 이론에 기초를 둔 교수법을 사용하는 것이 문화적으로 다양한 학생들 사이에서 학습을 증진시키는 데 더 합리적이고 효과적인 접근법인 것 같다.
① 외부적 동기를 학생들에게 부여하는 것이 학습 과정에 있어서 효과적이라는 수많은 증거가 있기 때문에, 내재적인 보상에 기반한 교수법은 더 이상 효과적이라고 간주되지 않는다.
② 내재적인 동기부여를 강조하는 교수법은 다양한 문화적 배경을 가진 학생들에게 부정적인 영향을 끼친다는 증거에 기반한, 외부적인 보상을 제공하는 교수법이 더 효율적이고 합리적인 시스템으로 보인다.
③ 유사한 문화적 배경을 가지고 있는 학생들에게 내재적인 보상을 주는 교수법이 외부적인 보상을 주는 교수법보다 더 합리적이고 효과적이다.
④ 학습에 끼칠 수 있는 외부적인 동기부여의 부정적인 영향이 있을 수 있기 때문에 다양한 문화권의 학생들이 효율적으로 학습할 수 있도록 도와줄 수 있는 내재적인 보상을 사용하는 대체적인 교수법을 사용하는 것이 더 합리적이고 성공적으로 보인다.

중요어휘 decade 10년   evidence 증거   dominate 지배하다   external 외부의   reward 보상   contribute to 기여하다
pedagogy 교수법   intrinsic 본질적인   motivation 동기부여   reasonable 합리적인   enhance 향상시키다
diverse 다양한   deem 간주하다   implementation 실행   emphasize 강조하다

**006** Jenny said to a waiter, "What's this fly doing in my soup?"

① Jenny asked a waiter what action the fly was taking in her soup.
② Jenny asked a waiter what the fly was doing in my soup.
③ Jenny told a waiter that she didn't know what a fly was doing in my soup.
④ Jenny complained to a waiter that there was a fly in her soup.

**007** The important thing in science is not so much to obtain new facts as to discover new ways of thinking about them.

① It's important in science to get new facts as well as new insights into them.
② To find out new ways of thinking about facts is more important in science than to collect new facts.
③ To be a scientist, you should distinguish facts from mere thoughts about them.
④ Research on new facts isn't important in science consisting of new approaches.

**008** To say that a religious believer is happier than a non-believer is no more to the point than to say that a drunken man is happier than a sober one.

① As a drunken man is happier than a sober one, so a believer is happier than a skeptic.
② It is safe to say that a skeptic is happier than a believer as long as he stays away from alcohol.
③ It makes sense that alcohol does not make people any happier, nor does religious faith.
④ To say that a believer is happier is more important than to say that a drunken man is happier.

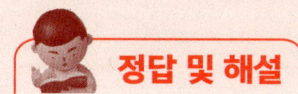

## 정답 및 해설

**006** 정답 ④

해석 Jenny는 웨이터에게 "제 수프에서 이 파리가 뭘 하고 있는거죠?"라고 말했다.
① Jenny는 웨이터에게 그 파리가 그녀의 수프에서 어떤 행동을 하고 있는지 물었다.
② Jenny는 웨이터에게 그 파리가 내 수프에서 무얼 하고 있는지 물었다.
③ Jenny는 웨이터에게 파리가 내 수프에서 뭘 하고 있는지 모르겠다고 말했다.
④ Jenny는 웨이터에게 그녀의 수프에 파리가 있다고 항의했다.

중요어휘 complain 불평하다

**007** 정답 ②

해석 과학에서 중요한 것은 새로운 사실을 얻는 것이 아니라 새로운 사실에 대해 생각하는 새로운 방식을 발견하는 것이다.
① 새로운 사실에 대한 새로운 통찰력뿐 아니라 새로운 사실을 얻는 것도 과학에서 중요하다.
② 과학에서는 새로운 사실을 수집하는 것보다는 사실에 관한 새로운 사고방식을 발견하는 것이 더 중요하다.
③ 과학자가 되려면 사실과 사실에 대한 단순한 생각을 구별해야 한다.
④ 새로운 접근법으로 구성된 과학에서 새로운 사실에 대한 연구는 중요치 않다.

중요어휘 not so much A as B A라기 보다는 B이다   obtain 습득하다   insight 통찰력   find out 알아내다, 발견하다
distinguish A from B A와 B를 구별하다   approach 접근

**008** 정답 ③

해석 신앙인이 무신론자보다 더 행복하다는 말은 술 취한 사람이 제정신인 사람보다 더 행복하다는 말과 마찬가지로 정곡을 벗어나 있다.
① 술 취한 사람이 제정신인 사람보다 더 행복하듯이 신앙인도 무신론자보다 더 행복하다.
② 무신론자는 술을 멀리하는 한, 신앙인보다 더 행복하다고 말해도 무방하다.
③ 술이 사람을 더 행복하게 만들어주지 않으며, 종교적 신앙도 마찬가지라는 것은 이치에 닿는 말이다.
④ 신앙인이 더 행복하다는 말은 술 취한 사람이 더 행복하다는 말보다 더 중요하다.

중요어휘 religious 종교적인   sober 제 정신의, 온전한   skeptic 회의적인   stay away from ~을 멀리하다

**009** A man is not a fool because he does not understand technical language any more than an Korean is a fool because he does not understand English.

① Familiarity with specialized language does not make a man an expert any more than does his command of English.

② Neither a man nor a Korean is a fool even though he has a deep understanding of academic terminology or an unfamiliar language.

③ Just as his ignorance of English does not brand an Korean as a fool, so a man does not become a fool for lack of jargons in his vocabulary.

④ A man who does not know technical terms is not always a fool, and the same is true of a Korean who does not know English at all.

**010** Science does not seek to enforce a moral code of behavior in its practitioners, as much as ancient philosophy did.

① Like ancient philosophers, practitioners of science should be held accountable for their moral behavior.

② Ancient philosophy placed more pressure on its practitioners to adhere to moral rules regarding behavior than science currently does.

③ How a moral code of behavior is contested in science differs from how it was done in ancient philosophy.

④ Science is more rigorous about regulating its practitioners through a moral code of behavior than in ancient philosophy.

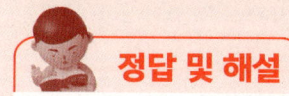

## 정답 및 해설

**009** 정답 ③

해석 한국인이 영어를 이해하지 못한다고 해서 바보가 아니듯이 한 사람이 전문용어를 이해 못한다고 해도 바보는 아니다.
① 영어에 능통한 것이 한 사람을 전문가로 만들지 않듯이, 전문용어에 대해 정통하다고 해서 한 사람이 전문가가 되는 것은 아니다.
② 어떠한 사람이나 한국인이 학술 용어나 낯선 언어에 대한 깊은 이해를 가지고 있을지라도 둘 다 바보는 아니다.
③ 영어에 대한 무지가 한국인을 바보로 낙인찍지 않듯이, 한 사람이 전문용어를 모른다고 해서 바보가 되지는 않는다.
④ 전문용어를 모르는 사람이 항상 바보인 것은 아니고, 영어를 전혀 모르는 한국인의 경우도 마찬가지이다.

중요어휘 **technical** 기술적인, 전문적인 **command of English** 영어 구사력 **terminology** 전문용어 **brand** 낙인을 찍다 **jargon** 전문용어

**010** 정답 ②

해석 고대의 철학이 철학자들에게 그랬던 것만큼, 과학은 그것의 실행자들(= 과학자들)에게 도덕적인 행동 규범을 강요하지 않는다.
① 고대의 철학자들처럼 과학의 실행자들(= 과학자)은 그들의 도덕적 행동에 책임을 져야 한다.
② 고대의 철학은 현재의 과학이 그러한 것보다 그것의 실행자들(= 철학자)에게 행동에 관하여 도덕적 행동 규범을 고수하도록 더 압박을 가했다.
③ 과학에서 도덕적 행동 규범이 논란이 되는 방식과 고대 철학에서 논란이 되는 방식은 다르다.
④ 과학은 도덕적 행동 규범을 통해 그것의 실행자들(= 과학자)을 규제하는 것에 관해 고대 철학보다 더 엄격하다.

중요어휘 **enforce** 시행하다, 강요하다 **moral code of behavior** 도덕적 행동 규범 **practitioner** 정기적으로 전문적인 일을 하는 사람(의사, 변호사 등등) **be held accountable for** ~에 대해 책임을 지다 **adhere to** 고수하다 **contest** 이의를 제기하다 **rigorous** 엄격한 **ancient** 고대의 **philosophy** 철학

**011**  The women who were pushed by recession into the labor market are not expected to leave their jobs as the economy picks up.

① The recession is not expected to end soon after the unemployed women find their jobs again in the labor market.
② The women who lost their jobs during recession will be hired again with the economic recovery.
③ The recession which drove women out of their jobs will not cease when an economic boom begins.
④ The women who found jobs during recession probably will stay at their jobs after the economy recovers.

**012**  The influence of education in our society cannot be overestimated.

① Our society leaves the influence of education inadequately estimated.
② We don't place a very high value on the social influence of education.
③ It is safe to say that education has a great influence in our society.
④ We must not put too much stress on the influence of education in social life.

**013**  Researchers found that deserts contained more than twice as many bacterial species as did acidic rain forest soils.

① There is twice as much acidity in desert soil as in rain forest soil.
② Bacterial species in deserts are less than half as resistant to acidity as those in rain forests.
③ Soil humidity is a significant factor in determining the number of bacterial species.
④ There are fewer than half as many bacterial species in rain forest soil as in desert soil.

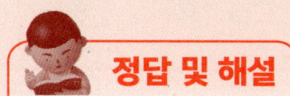

## 정답 및 해설

**011** 정답 ④

해석 불경기로 인해 노동 시장으로 내몰린(취업할 수밖에 없었던) 여성들이 경기가 회복되면서 직장을 떠날 것 같지가 않다.
① 실직 여성들이 노동 시장에서 다시 직장을 찾은 후 불경기가 곧 끝날 것 같지 않다.
② 불경기 동안 직장을 잃은 여성들이 경기 회복과 함께 다시 고용될 것이다.
③ 여성들을 실직하게 했던 불경기가 경기 호황이 시작되어도 끝나지 않을 것이다.
④ 불경기 동안 직장을 찾았던 여성들이 경기가 회복된 후에도 아마 직장에 계속 남아있을 것이다.

중요어휘 **recession** 경기 침체  **pick up** 회복하다  **cease** 멈추다

**012** 정답 ③

해석 우리 사회에서의 교육의 영향력은 아무리 높이 평가되어도 지나치지 않다(아주 중요하다).
① 우리 사회는 교육의 영향력이 부적절하게 평가되도록 내버려둔다.
② 우리는 교육의 사회적 영향력을 그다지 높이 평가하지 않는다.
③ 교육은 우리 사회에서 상당히 큰 영향력을 갖고 있다고 말해도 무방하다.
④ 우리는 사회생활에서 교육의 영향력을 너무 지나치게 강조하지 말아야 한다.

중요어휘 **overestimate** 과대평가하다  **inadequately** 부적절하게  **stress** 강조

**013** 정답 ④

해석 연구원들은 사막에는 산성화된 열대 우림 토양보다 2배 이상으로 많은 박테리아 종이 있다는 것을 발견했다.
① 사막 토양에 있는 산성도가 열대 우림 토양의 산성도보다 두 배나 많다.
② 사막에 사는 박테리아 종은 열대 우림에 사는 박테리아의 반 이하만큼 산성에 저항력이 있다.
③ 토양의 습도가 박테리아 종의 수를 결정하는 데 있어 중요한 요소이다.
④ 열대 우림의 박테리아 종의 수는 사막에 있는 박테리아 종의 수의 반도 채 되지 않는다.

중요어휘 **acidic** 산성의  **rain forest** 열대 우림  **acidity** 산성, 산도  **resistant** 저항하는  **humidity** 습도

**014** Efforts to reduce crime in the park have been so successful that the park police have lately taken to planting handbags on benches to *lure would-be thieves.

*lure: 유인하다

① Because the crime rate in the park is now so low, the police have increased surveillance of innocent people carrying bags to keep themselves busy.
② Because they have little else to do nowadays, the police have started gardening and landscaping the park during their duty hours.
③ Because few criminals commit crimes in the park these days, the police have come up with a way to tempt potential thieves.
④ Because the park is so safe now, the police advise park visitors that they can leave their handbags unattended on the benches without worry.

**015** Faith in human reason and science as a source of truth and a means to improve the environment was supported by scientific discoveries in spite of theological opposition.

① Theological opposition made people lose faith in human reason and science as a source of truth and a means to improve the environment.
② Even though the church opposed science, people continued to believe in human reason and science as a source of truth and a means to improve the environment.
③ Scientific discoveries supported people's faith in science and reason as a source of truth and a means to improve their lives, and the church agreed.
④ People's faith in reason and science was diminished by church opposition and scientific discoveries.

## 정답 및 해설

**014** 정답 ③

해석 공원에서 범죄를 줄이려는 노력이 너무나 성공적이어서, 공원 경찰들은 잠재적 도둑을 유인하기 위해 최근에는 일부러 벤치에 핸드백을 몰래 놓아두기까지 했다.

① 공원 내 범죄율이 이제는 너무 낮아서, 경찰은 자신들의 바쁜 상태를 유지하기 위해 가방을 가지고 다니는 죄 없는 사람들에 대한 감시를 강화했다.
② 경찰이 요즘에는 다른 할 일이 없어서, 근무 시간에 정원 가꾸기와 조경을 하기 시작했다.
③ 요즘에는 공원에서 범죄를 저지르는 범죄자들이 거의 없어서, 경찰들은 잠재적인 범인들을 유인하기 위한 새로운 방안을 떠올렸다.
④ 공원이 이제는 너무 안전해서, 경찰들은 공원 방문객들에게 걱정 없이 핸드백을 벤치 위에 두고 다녀도 된다고 조언한다.

중요어휘 **take to** ~하기 시작하다　**plant** 놓다, 심다　**lure** 유혹하다, 유인하다　**would-be** ~이 되려고 하는, 잠재적인　**surveillance** 감시　**duty hour** 근무시간　**come up with** ~을 떠올리다　**tempt** 유혹하다　**thief** 도둑　**unattended** 방치된

**015** 정답 ②

해석 진실의 근원과 환경을 개선시키는 수단으로써 인간의 이성과 과학에 대한 믿음은 신학적인 반대에도 불구하고 과학적 발견에 의해 강화되었다.

① 신학적인 반대는 진실의 근원과 환경을 개선시키는 수단으로써 인간의 이성과 과학에 대한 믿음을 상실하도록 만들었다.
② 비록 교회가 과학을 반대했지만, 사람들은 진실의 근원과 환경을 개선시키는 수단으로써 인간의 이성과 과학을 계속해서 믿었다.
③ 과학적 발견은 진실의 근원과 생활을 개선시키는 수단으로써 과학과 이성에 대한 인간의 믿음을 뒷받침했으며, 교회도 이에 동의했다.
④ 이성과 과학에 대한 사람들의 믿음은 교회의 반대와 과학적 발견으로 줄어들었다.

중요어휘 **faith** 믿음　**reason** 이유, 이성　**means** 수단　**source** 근원　**theological** 신학적인　**opposition** 반대

**016** I know of no great men except those who have rendered great service to the human race.

① I know that a great man is not the one who has done much for the human wellbeing.
② I wonder if there is any great man who has been of great service to the human community.
③ All great men I know have not dared to do something good for their fellow beings.
④ As far as I know, great men are only those who have made a great contribution to the humanity.

**017** Any accusation that the government participated in cyber attacks, either in an explicit or indirect way, is groundless.

① Whether the government criticized cyber terrorism, either directly or indirectly, is currently unknown.
② The government determined to collaborate with the cyber attack response team; however, its way of response was not groundbreaking.
③ It is said that the government was the mastermind behind the cyber terror, either directly or indirectly, but nobody proves that charge.
④ The government admitted that it was involved in cyber terror but denied that it was the wirepuller of the terror.

**018** Such an assessment hardly painted an accurate picture of the child's total experience in school, let alone in life.

① Such an assessment scarcely painted an accurate picture of the child's total experience in school but it described the total life experience of the child.
② The child's total experience in both school and life was not shown in such an assessment.
③ The child's total experience not in school but in life was described in such an assessment.
④ Such an assessment vividly expressed about the child's total experience in school as well as in life.

## 정답 및 해설

**016** 정답 ④

해석 나는 인류에 큰 공헌을 한 사람들을 제외하고는 어떤 위대한 인물도 알지 못한다.
① 내가 알기로 위대한 인물은 인간의 안녕을 위해 많은 것을 해온 사람은 아니다.
② 나는 인류 사회에 크게 이바지한 위대한 인물이 과연 있는지 궁금하다.
③ 내가 아는 모든 위대한 인물들이 용기 내어 인류에 좋은 무언가를 한 것은 아니다.
④ 내가 아는 한, 위대한 인물은 인류에 크게 공헌한 사람들뿐이다.

중요어휘 render 만들다, 주다  service 기여, 공헌  human race 인류  dare to 감히 ~하다, 용기 내어 ~하다
contribution 기여, 공헌  humanity 인류

**017** 정답 ③

해석 정부가 사이버 공격에 가담했다는 비난들은, 노골적이든 간접적이든 간에 사실무근이다.
① 정부가 사이버 테러를 비난했는지 여부는, 직접적이든 간접적이든 간에, 현재 알 수 없다.
② 정부는 사이버 테러 대응 팀과 협력하기로 결정했으나 그 대응 방식은 획기적인 것이 아니었다.
③ 직접적이든 간접적이든 간에 정부가 사이버 테러의 주동자라는 말은 있지만, 아무도 그런 혐의를 입증하지 못한다.
④ 정부는 사이버 테러에 가담했다고 시인했으나, 그 테러의 배후는 아니라고 했다.

중요어휘 accusation 비난, 혐의  explicit 명백한, 분명한  groundless 근거 없는  colloborate 협력하다
groundbreaking 획기적인  mastermind 주동자  charge 혐의  wirepuller 배후

**018** 정답 ②

해석 그런 평가는 인생에서는 말할 것도 없고, 학교에서 아이들의 종합적인 경험에 대한 정확한 그림을 거의 그릴 수 없었다.
① 그런 평가는 학교에서 그 아이의 종합적인 경험을 정확히는 거의 묘사하지 않았으나 그 평가는 그 아이의 종합적인 인생 경험을 묘사했다.
② 학교와 인생 둘 다에서의 그 아이의 종합적인 경험은 그런 평가에서 나타나지 않았다.
③ 학교에서가 아니라 인생에서의 그 아이의 종합적인 경험이 그러한 평가에서 묘사되었다.
④ 그러한 평가는 인생에서 뿐만 아니라 학교에서의 그 아이의 종합적인 경험에 대해 생생하게 묘사하였다.

중요어휘 assessment 평가  accurate 정확한  let alone ~은 말할 것도 없이  describe 묘사하다  vividly 생생하게

**019** The capacity of different groups to engage with and respond to the changes in the international regulatory regime is very varied.

① The legitimacy of the international regulatory regime depends on how a variety of groups observe its changes.
② The extent to which each group keeps up with the changes in the international regulatory regime is different.
③ Each group has a different level of capacity for bringing about changes in the international regulatory regime.
④ The international regulatory regime is too unpredictable for various groups to conform to.

**020** The woman, whose name is being withheld for privacy reasons, has been released from the hospital where she was being treated.

① The woman, who was veiled due to the concern of privacy invasion, has released her identity in the hospital where she was being treated.
② When she has been discharged from the hospital where she was receiving treatment, her identity is being uncovered for privacy protection.
③ After she finished the hospital treatment, the woman, whose identity is not being verified for privacy, has left the hospital.
④ On being released from the hospital where she was being treated, the woman is held in custody for privacy violation.

## 019 정답 ②

**해석** 서로 다른 단체들이 국제 규제 제도의 변화에 참여하고 대응하는 역량은 매우 다양하다.
① 국제 규제 제도의 정당성은 다양한 집단들이 그 제도의 변화를 어떻게 준수하느냐에 달려 있다.
② 각각의 집단이 국제 규제 제도의 변화를 따르는 정도는 서로 다르다.
③ 각각의 집단은 국제 제도 내에서 변화를 일으키는 서로 다른 수준의 역량을 가지고 있다.
④ 국제 규제 제도는 다양한 집단들이 따르기에는 너무 예측 불가하다.

**중요어휘** capacity 수용력, 역량  respond to 대응하다  regulatory 규제의  regime 제도  varied 다양한  legitimacy 정당성  observe 준수하다, 관찰하다  keep up with ~와 보조/속도를 맞추다  bring about 야기하다  unpredictable 예측 불가한  conform to ~에 순응하다

## 020 정답 ③

**해석** 사생활 보호를 이유로 이름을 공개하지 않은 그 여성은 그녀가 치료받고 있었던 그 병원에서 퇴원하였다.
① 사생활 침해 우려 때문에 베일에 싸였던 그 여성은 그녀가 치료받고 있었던 그 병원에서 그녀의 신원을 공개하였다.
② 그녀가 치료받고 있었던 그 병원에서 그녀가 퇴원할 때, 그녀의 신원은 사생활 보호 때문에 공개되고 있다.
③ 그녀가 병원 치료를 마친 후, 사생활 때문에 신원을 밝히지 않은 그 여성은 퇴원하였다.
④ 그녀가 치료받고 있었던 그 병원에서 퇴원하자마자, 그 여성은 사생활 위반을 이유로 수감된 상태이다.

**중요어휘** withhold 보류하다  veil 감추다  due to ~ 때문에  invasion 침입  discharge 내보내다  uncover 폭로하다  verify 입증하다, 확인하다  hold ~ in custody 구치소에 감금하다

**021** **It is no easier for Americans to 'just listen' during a conversation than it is for Korean students to 'just relax' when speaking with foreigners.**

① It is not easier for Americans to keep silent during a conversation than for Korean students to get excited when speaking with foreigners.

② It is as difficult for Americans not to speak during a conversation as it is for Korean students not to be nervous when speaking with foreigners.

③ It is slightly more difficult for Americans to just listen during a conversation than it is for Korean students to get excited when speaking with foreigners.

④ It is not so difficult for Korean students not to be nervous when speaking with foreigners as it is for American not to talk during a conversation.


**022** **Humans do have two kidneys, which do not grow back, but since we can live with one, we can donate the other.**

① Though we can donate one of our kidneys, living with only one kidney is dangerous because each kidney has a separate role.

② Kidneys do not regenerate but we can donate one kidney because humans have no trouble living with the other alone.

③ That we can donate one kidney, which we can do without, is not true because our kidney is not compatible.

④ Since kidneys, which do not grow back, bear no relation to living a healthy life, we can donate both.


**023** **The students who cheat and get away with it are receiving the message that cheating in school is okay.**

① The students who both tell a lie and rob their friends of money will be told that only the former is permitted in school.

② Though students cheat their friends of money, the school tells them that cheating in school can be forgiven if not excessive.

③ If a teacher does not punish the students who cheat in school exams, it misleads them to think what they do is acceptable.

④ The students who are expelled from school for cheating in exams will maintain that cheating in school days is innocent.

## 정답 및 해설

**021** 정답 ②

해석 한국 학생들이 외국인과 대화할 때 '긴장하지 않는 것'이 쉽지 않듯이, 대화 중에 미국인이 '침묵하는 것'은 쉽지 않다.

① 한국 학생들이 외국인과 대화를 하다가 긴장하는 것보다 미국인이 대화 중에 침묵을 지키는 것이 더 쉽지 않다.
② 한국 학생들이 외국인과 대화를 하다가 긴장하지 않는 것이 어려운 만큼 미국인이 대화 중에 말하지 않는 것은 어렵다.
③ 한국 학생들이 외국인과 대화 중에 흥분하는 것보다 미국인이 대화 중에 그냥 듣고만 있는 것이 약간 더 어렵다.
④ 한국 학생들이 외국인과 대화 중 긴장하지 않는 것은 미국인이 대화 중에 말하지 않는 것만큼 어렵지 않다.

중요어휘 **conversation** 대화 **excited** 흥분한

**022** 정답 ②

해석 인간은 두 개의 신장을 가지고 있는데, 이 두 개의 신장은 다시 자라지 않는다. 그러나 우리는 한 개의 신장을 가지고도 살 수 있기 때문에, 우리는 다른 한 개의 신장을 기증할 수 있다.

① 비록 우리가 우리의 신장들 중 한 개를 기증할 수 있지만, 각각의 신장이 독립된 역할을 하므로 한 개의 신장을 가지고 산다는 것은 위험하다.
② 신장은 재생이 되지 않으나 인간은 두 개 중 다른 하나의 신장만으로 살아가는데 아무런 문제가 없으므로 우리는 한 개의 신장을 기증할 수 있다.
③ 없이 지낼 수 있는 한 개의 신장을 우리가 기증할 수 있다는 것은 사실이 아닌데, 왜냐하면 우리의 신장은 거부 반응을 일으키기 때문이다.
④ 다시 자라지 않는 신장들은 건강한 삶을 사는 것과 아무런 관련이 없으므로, 우리는 둘 다 기증할 수 있다.

중요어휘 **donate** 기부하다 **kidney** 신장 **separate** 분리된 **regenerate** 재생하다 **compatible** 호환 가능한 **relation** 관계, 연관

**023** 정답 ③

해석 부정행위를 하고도 무사히 지나가는 학생들은 학교에서 부정행위를 해도 괜찮다는 암시를 받고 있는 셈이다.

① 거짓말도 하고 친구들의 돈도 뺏는 학생들은 전자(거짓말)만이 학교에서 허용된다는 말을 들을 것이다.
② 비록 학생들이 친구를 속여 돈을 빼앗아도 학교에서는 그들에게 학교에서의 사취 행위가 지나치지 않으면 용서받을 수 있다고 말해준다.
③ 교사가 학교 시험에서 부정행위를 하는 학생들을 처벌하지 않으면 그것은 그들로 하여금 그들이 하는 행동이 용인될 수 있는 것이라고 잘못 생각하게 한다.
④ 시험 중에 부정행위를 한 것으로 학교에서 쫓겨나는 학생들은 학창시절의 부정행위는 죄가 아니라고 주장할 것이다.

중요어휘 **cheat** 부정행위를 하다 **get away with** 처벌을 받지 않다 **mislead** 잘못 이끌다 **acceptable** 수용 가능한 **former** 전자 **permit** 허락하다 **forgive** 용서하다 **excessive** 과다한 **expel** 쫓아내다 **innocent** 무죄의

**024** Contrary to the purpose of its original intention, *affirmative action has produced an outcome leading to reverse discrimination.  *affirmative action: 미국의 소수집단 우대정책

① Affirmative action has generated an outcome leading to reverse discrimination as it originally intended.
② Affirmative action did not live up to its original expectation since it has led to another kind of discrimination.
③ Although it did not meet its original purpose, affirmative action has been successful as it reversed discrimination.
④ Creating reverse discrimination, the original intention of affirmative action has been fulfilled.

**025** Kimchi, made before kimchi prices surged, is now scarce, selling out as soon as it is re-stocked on store shelves.

① Kimchi, fermented before kimchi prices plummeted, now goes out of stock, being all sold out the moment kimchi is released in the market.
② Whenever kimchi hits the local store shelves, it is sold like hot cake and it needs restocking before kimchi prices rise to a record high.
③ Kimchi is now running short, resulting in surge in kimchi price, which is expected to last until kimchi is re-stocked on the store shelves.
④ Since kimchi, manufactured before the cost of kimchi soared, is now at a premium, every kimchi is booked up upon hitting the market.

## 정답 및 해설

**024** 정답 ②

해석 원래 의도와는 다르게, 소수집단 우대정책이 역차별하는 결과를 낳았다.
① 소수집단 우대정책은 원래 의도대로 역차별하는 결과를 낳았다.
② 소수집단 우대정책은 또 다른 차별을 낳았기 때문에 원래 기대에 미치지 못했다.
③ 소수집단 우대정책은 원래 의도에 미치지 못했지만, 역차별을 낳았기 때문에 성공적이다.
④ 역차별을 낳았기 때문에 소수집단 우대정책의 원래 의도는 이행되었다.

중요어휘 **contrary to** ~와 반대로  **intention** 의도  **outcome** 결과  **reverse discrimination** 역차별
**live up to** ~에 부응하다(= meet)  **fulfill** 이행하다

**025** 정답 ④

해석 김치 값이 급등하기 전에 만들어진 김치는 지금 품귀 현상을 빚고 있어서, 가게에 김치가 다시 채워지는 즉시 매진이 된다.
① 김치 값이 폭락하기 전에 발효된 김치는 지금 재고가 없어서, 김치가 시장에 출하되자마자 모두 매진되었다.
② 김치가 국내 시장에 출시될 때마다, 김치는 날개 돋친 듯이 팔려서 김치 값이 사상 최고치로 오르기 전에 김치를 다시 사들일 필요가 있다.
③ 김치는 지금 품귀 현상을 빚고 있어서 김치 값 폭등을 초래하고 있는데, 이러한 현상은 김치가 다시 시장에 풀릴 때까지 계속될 것으로 예상된다.
④ 김치 값이 폭등하기 전에 제조된 김치는 지금 품귀 현상을 빚고 있기 때문에, 김치가 모든 김치는 시장에 나오자마자 다 품절된다.

중요어휘 **surge** 급등하다  **scarce** 희소한  **sell out** 매진되다  **shelf** 선반  **ferment** 발효시키다  **plummet** 폭락하다
**out of stock** 재고가 없는  **sell like hot cake** 불티나게 팔리다  **run short** 부족하다  **result in** ~로 이어지다
**manufacture** 제조하다  **soar** 치솟다  **at a premium** 구하기 힘든, 웃돈이 붙은

**026** Reserved Al Dulton may not be the most eloquent speaker, but he always succeeds in getting his point across.

① It's hard to say that Al Dulton is the most articulate speaker, for he can barely deliver a speech to the end.
② However reserved and introverted he may be, Al Dulton can successfully deliver a speech in front of a large audience.
③ Shyness prevents Al Dulton from successfully delivering his gist.
④ Though he is not so eloquent, shy Al Dulton always makes his point understood.

**027** It should be understood that the creation of a solid customer base is not something that occurs overnight.

① To keep customers loyal to our brand, we should work overtime from now on.
② We should understand that it takes a long time to create a strong customer base.
③ Our customer base has become solid finally after so many nights of extra work.
④ Many people still don't understand that a solid customer base is something hard to be achieved.

**028** Of course there have been negative consequences, but on the whole, the development of the automobile has been of tremendous benefit to humankind.

① In spite of negative consequences, the development of the automobile, generally, has brought great advantages to mankind.
② With all negative consequences in the course of the development, the automobile industry has helped strengthen social bonds.
③ The development of the automobile has brought no less disadvantages than the benefits.
④ To develop a more beneficial automobile, we have suffered some unfavorable side effects.

## 정답 및 해설

**026** 정답 ④

해석 수줍음 많은 Al Dulton은 비록 가장 유창한 연설가는 아니지만, 항상 핵심을 잘 전달한다.
① Al Dulton이 가장 명료하게 연설을 한다고 말할 수는 없는데, 왜냐하면 그는 연설을 끝마치기도 어렵기 때문이다.
② 굉장히 수줍음이 많고 내성적이기는 해도, Al Dulton은 대규모 관중 앞에서 연설을 할 수 있다.
③ 수줍음 때문에 Al Dulton은 자기 의견을 큰 소리로 말하지 못한다.
④ 언변이 뛰어나지는 않지만, 수줍음을 많이 타는 Al Dulton은 항상 자신의 요점을 잘 전달한다.

중요어휘 **eloquent** 유창한   **get one's point across** 요점을 전달하다   **articulate** 또렷한, 분명한   **deliver a speech** 연설하다   **reserved** 내성적인   **introverted** 내성적인   **gist** 요점

**027** 정답 ②

해석 확고한 고객층의 창출은 하룻밤 새 이루어지는 것이 아니라는 것을 알아야 한다.
① 고객이 우리 브랜드에 계속 충성하도록 하려면, 우리는 지금부터 초과 근무를 해야 한다.
② 확고한 고객층을 확보하기 위해서는 오랜 시간이 걸린다는 것을 알아야 한다.
③ 장기간의 야간 근무로 드디어 우리의 고객층이 견고해졌다.
④ 많은 사람들이 아직도 확고한 고객층은 달성되기 어렵다는 것을 이해하지 못한다.

중요어휘 **solid** 굳건한, 탄탄한   **customer base** 고객층   **loyal** 충성하는   **from now on** 지금부터

**028** 정답 ①

해석 물론 부정적인 결과도 있었다. 그러나 대체로, 자동차의 발달은 인류에게 막대한 이득이 되었다.
① 부정적인 효과에도 불구하고, 자동차의 발달은 대체로 인류에게 큰 이점을 주었다.
② 그 발달 과정에서의 부정적인 효과에도 불구하고, 자동차 산업은 사회적 유대감을 강화시키는 데 일조했다.
③ 자동차의 발달은 그 혜택만큼이나 많은 불이익을 가져왔다.
④ 보다 도움이 되는 자동차를 개발하기 위해, 우리는 몇 가지 안 좋은 부작용을 감내해 왔다.

중요어휘 **consequence** 결과   **on the whole** 전반적으로   **tremendous** 엄청난   **humankind** 인류   **strenghten** 강화하다   **social bond** 사회적 유대감

**029** Educational background, wealth, job, family and physical beauty are the main criteria of choosing a spouse with little attention given to love or personality.

① Love or personality is the second important factor in choosing a spouse besides educational background, wealth, job, family and physical beauty.
② Educational background, wealth, job, family and physical beauty are no more important than love or personality when choosing a spouse.
③ The main concern in choosing a spouse is not so much love or personality as educational background, wealth, job, family and physical beauty.
④ Even if educational background, wealth, job, family and physical beauty are more important, people still think of love or personality as the first criterion in choosing a spouse.

**030** Few people are capable of shaping with conviction opinions which differ from the prejudices of their social environment.

① Opinions formed out of one's bias can only be corrected by people with conviction.
② The prejudices derived from social environment are so powerful that the majority of people are not confident enough to be free from them.
③ Over time, everyone comes to form prejudices derived from their traditional conventions.
④ Despite one's bias derived from his social environment, the majority of people are able to form their own distinct opinions.

**031** If greed motivates individuals to work for the good things in life, there may be a silver lining in the trait.

① If good things rest on the motivation of greed, it follows that generous people can never do good to others.
② If it is possible that people do good things out of greed, it means that greed may have a bright side in it.
③ Individuals eager to commit themselves to the good in life can retain the trait until they reach old age.
④ Even greed may count as a valuable thing in a struggling world, as many of greedy people are men of charity.

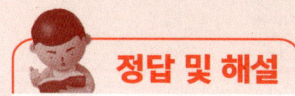

## 정답 및 해설

**029** 정답 ③

해석 사랑이나 성격에는 거의 관심이 없고 학력, 재산, 직업, 가족 그리고 외적 미모가 배우자를 고르는 주된 기준이다.
① 사랑이나 성격은 학력, 재산, 직업, 가족 그리고 외적 미모 다음으로 배우자를 고르는 데 두 번째로 중요한 요소이다.
② 배우자를 고르는 데 있어서 학력, 재산, 직업, 가족 그리고 외적 미모가 중요치 않은 것은 사랑이나 성격이 중요치 않은 것과 마찬가지이다.
③ 배우자를 선택하는 데 있어서 가장 주요한 관심사는 사랑이나 성격이라기보다는 학력, 재산, 직업, 가족 그리고 외적 미모이다.
④ 학력, 재산, 직업, 가족 그리고 외적 미모가 더 중요하긴 하지만, 사람들은 여전히 사랑이나 성격을 배우자를 고르는 첫 번째 기준으로 여긴다.

중요어휘 criteria 평가 기준  spouse 배우자  factor 요인  besides ~ 이외에  not so much A as B A라기보다는 B이다

**030** 정답 ②

해석 자신이 속한 사회 환경의 편견과 다른 의견을 소신 있게 가질 수 있는 사람은 흔치 않다.
① 개인의 편견에서 형성되는 의견은 소신을 가진 사람만이 바로잡을 수 있다.
② 사회 환경에서 기인하는 편견은 매우 강력해서 대부분의 사람들은 이로부터 자유로울 수 있을 만큼 확신이 없다.
③ 시간이 지나면서, 모든 사람들은 자신의 전통적 관습에서 유래하는 선입견을 형성하게 된다.
④ 자신이 속한 사회 환경에서 유래된 선입견에도 불구하고, 대부분의 사람들은 그들 자신의 분명한 의견을 가질 수 있다.

중요어휘 prejudice 편견  opinion 의견  convictoin 확신  bias 편견  correct 수정하다  derive from ~에서 유래하다  convention 전통, 관습, 인습  distinct 분명한

**031** 정답 ②

해석 욕심이 사람들로 하여금 인생에서 선한 일을 위해 노력하게 만든다면, 욕심에도 밝은 면이 있을지도 모른다.
① 선한 일이 욕심이라는 동기에 기초해 있다면, 그것은 관대한 사람은 결코 다른 사람들에게 유익을 줄 수 없다는 말이 된다.
② 사람들이 욕심에서 선행을 행할 수 있다면, 그것은 욕심이 그 안에 밝은 면을 갖고 있을지도 모른다는 것을 의미한다.
③ 인생에서 선에 헌신하기를 열망하는 사람들은 노년에 이르기까지 욕심을 유지할 수 있다.
④ 욕심 많은 사람들 중에 자선가가 많이 있으므로, 경쟁이 치열한 세상에서는 욕심조차도 귀중한 것으로 간주될지도 모른다.

중요어휘 greed 탐욕  silver lining 희망  trait 특색, 특징  rest on ~에 의존하다  generous 관대한  eager 열망하는  retain 보유하다  count 중요하다  charity 자선, 관대

**032** When top athletes start thinking about details of their technique instead of just letting muscle memory run the show, they tend to mess up.

① When top athletes become aware of technique, they tend to perform better in competitions.
② Top athletes depend on a combination of muscle memory and technique when they want to perform at their best.
③ When top athletes allow their minds to take over bodies, their bodies tend to respond better.
④ Top athletes perform better when they rely on their bodies rather than being conscious of technique.


**033** Until the day comes when we expel any form of violence against women, we will be hard pressed to say that gender equality exists in our country.

① Violence against women, if not eliminated, will continue to make it difficult to say that men and women are equal in our country.
② Only when women refrain from violence will we be able to say that our country guarantees gender equality.
③ Unless we eradicate violence against women, our country will be compelled to declare war against gender inequality.
④ Increasing unjust violence against women will drive us to protest against gender discrimination in our country.


**034** Persons do not become a society by living in physical proximity any more than a man ceases to be socially influenced by being so many feet or miles removed from others.

① People living in remote places can easily alienate themselves from the rest of the world.
② A society requires a certain measure of spatial bubbles between its members.
③ Physical distance presents an obstacle to forming a society.
④ Physical closeness is not a critical factor in forming a society.

## 정답 및 해설

**032** 정답 ④

해석 최고의 선수들이 몸이 기억하는대로 두는 게 아니라 기술의 세부적인 사항을 기억하기 시작하면, 경기를 망치는 경향이 있다.
① 최고의 선수들이 기술을 인지하기 시작하면, 경기력이 더 좋아진다.
② 최고의 선수들이 최고의 기량을 보이길 원할 때는 근육이 기억하는 것과 기술의 조합에 의존한다.
③ 최고의 운동선수가 자신의 머리(기술 의식)가 몸을 잠식하도록 하면, 그들의 몸은 더 잘 반응하는 경향이 있다.
④ 최고의 운동선수는 기술을 의식하는 것보다 몸에 의존할 때 경기력이 더 좋다.

중요어휘 run the show 운영하다, 꾸려나가다    mess up 망치다    take over 인수하다, 떠맡다    rely on 의존하다
conscious 의식하는

**033** 정답 ①

해석 여성에 대한 모든 형태의 폭력을 몰아내는 날이 올 때까지, 우리나라에 성평등이 존재한다고 말하기 어려울 것이다.
① 여성에 대한 폭력이 제거되지 않으면, 우리나라에서 남녀가 평등하다고 말하기가 계속 어렵게 될 것이다.
② 여성이 폭력을 자제할 때에야 비로소 우리나라가 성평등을 보장한다고 말할 수 있을 것이다.
③ 여성에 대한 폭력을 없애지 않으면, 우리나라는 성불평등과의 전쟁을 선언하지 않을 수 없을 것이다.
④ 여성에 대한 부당한 폭력의 증가로 인해 우리는 우리나라에서의 성차별에 반대하는 시위를 벌이게 될 것이다.

중요어휘 expel 추방하다    hard pressed 쫓기는, 애를 먹는    equality 평등    eliminate 제거하다    refrain from 삼가다
guarantee 보장하다    eradicate 박멸하다, 없애다    protest 항의하다    gender discrimination 성차별    unjust 부당한

**034** 정답 ④

해석 물리적으로 가까운 거리에 산다고 해서 사람들이 사회의 일원이 되는 것이 아니다, 마찬가지로 다른 사람들로부터 멀리 떨어진다고 해서 사회적으로 영향받지 않는 것도 아니다.
① 먼 거리에 사는 사람은 외부 세상으로부터 쉽게 고립된다.
② 사회는 사회 구성원들 사이에 어느 정도의 거리를 두는 것을 요구한다.
③ 물리적 거리는 사회를 형성하는 데 있어서 장애물이다.
④ 물리적으로 가까운 것은 사회를 형성하는 데 있어서 중요한 요인이 아니다.

중요어휘 proximity 근접성    cease 멈추다    remote 거리가 먼    alienate 소외시키다    spatial 공간의    closeness 근접성
critical factor 중요한 요인

**035** Despite its purported neutrality, the study will be compelled to produce results favorable to its sponsors.

① The results of the study will be unbiased though the people who fund it do not want them to be.
② Some say the research is biased, but really it will only do exactly what people ordered it to do.
③ Even though people say it has to be fair, the report will be supported by financial backers.
④ The research claims to be fair, but it will be forced to say good things about the people who paid for it.

**036** What he achieved in his short life was beyond anything that could have been expected of him.

① Nothing could be expected to be achieved by him as he lived a short life.
② Though he died young, he lived a higher life than expected to be achieved.
③ His early death prevented him from achieving as much as expected of him.
④ In his short life he achieved more than anyone could have expected of him.

**037** Positive psychology is a new interdisciplinary field that rapidly gained popularity as it sits at a cross section of science and personal development.

① The new field of positive psychology is acclaimed because it is concerned with science and personal development as well.
② Positive psychology is renowned within the academia for the scientists who are keenly interested in self-development for their professions.
③ Positive psychology is a new school of thought derived from traditional academic disciplines and its discoveries produced the best-selling books in personal development.
④ Promoting optimism and happy thoughts, personal development books from positive psychologists are growing in popularity.

## 035 정답 ④

**해석** 의도된 중립에도 불구하고, 그 연구는 그 연구를 후원한 자들에게 유리한 결과를 만들어낼 수밖에 없을 것이다.

① 비록 그 연구에 투자한 사람들이 그렇게 되기를 원하지 않는다 하더라도 연구 결과는 공정해야 할 것이다.
② 연구가 편향되었다고 말하는 사람도 있으나, 실제로 연구는 사람들이 하라고 지시한대로 정확히 이루어질 것이다.
③ 비록 사람들은 보도가 공정해야 한다고 말하지만, 보도는 재정 후원자들의 지원을 받아야 할 것이다.
④ 연구는 공정을 표방하지만, 그 연구를 후원한 사람들과 관련해서 좋게 말할 수밖에 없을 것이다.

**중요어휘** purport 주장하다  neutrality 중립성  compel 강요하다  favorable 우호적인  unbiased 편견이 없는  backer 후원자

## 036 정답 ④

**해석** 그가 짧은 일생 동안 성취한 것은 그에게 기대할 수 있었을 것보다 더 많은 것(기대할 수 없었을 정도로 많은 것)이었다.

① 그는 짧은 인생을 살았으므로 그 어떤 것도 그가 성취할 것으로 기대할 수 없었다.
② 비록 젊어서 죽었지만, 그는 성취될 것으로 기대된 삶보다 더 높은 삶을 살았다.
③ 그의 때 이른 죽음이 그로 하여금 그에게 기대되는 만큼 많이 성취하지 못하게 했다.
④ 짧은 일생 동안 그는 그 누구도 그에게 기대할 수 있었을 것보다 더 많은 것을 성취했다.

**중요어휘** chieve 달성하다  expect 기대하다

## 037 정답 ①

**해석** 긍정 심리학은 과학과 자기 개발의 교차점에 위치하기 때문에 급속히 인기를 얻게 된 새로운 학제간 학문 분야이다.

① 긍정 심리학이라는 새로운 영역이 환영받고 있는데 이 학문이 과학 및 자기 개발과도 관련이 있기 때문이다.
② 긍정 심리학은 직업적으로 자기 개발에 관심이 많은 과학자들로 인해 학계에서 잘 알려져 있다.
③ 긍정 심리학은 전통적 학문 분야들에서 생겨난 새로운 학파로서 이 학문이 발견해낸 사실들이 자기 개발에 관한 베스트셀러가 되었다.
④ 긍정 심리학자들이 쓴 자기 개발 서적은 긍정적이고 행복한 사고를 고취시키면서 인기를 얻어 가는 중이다.

**중요어휘** interdisciplinary 학문을 넘나드는, 학문 간의  gain 얻다  cross section 교차점  acclaim 찬사를 보내다  renowned 유명한  keenly 간절히, 열망하며  profession 직업  discipline 학문  promote 홍보하다, 촉진하다  optimism 낙관주의

**038** Although visibly happy to have been chosen to present the commencement address, Alex's feeling was nonetheless anxious about speaking in public.

① Alex was evidently happy because he was anxious to make the commencement address.
② Alex was so nervous about speaking at the commencement ceremony that he didn't seem to be happy.
③ Both delighted and concerned, Alex had ambivalent feelings about speaking at the commencement ceremony.
④ When Alex was chosen to present the commencement address, he was both happy and eager to speak in public.

**039** Travel literature resists easy categorization, and any attempt must admit that neat structure may be more a matter of convenience than accuracy.

① The categorization of travel literature is impractical unless it provides convenience and accuracy.
② Categorizing travel literature is less about how convenient it is to read than it is about how accurate it is.
③ It is hard to classify travel literature, and what appears to be a precise arrangement could be done just for convenience.
④ Classifying travel literature involves complicated rules regarding convenience and accuracy, and there are few satisfying the requirements.

**040** Art enables us to rid ourselves of emotions that would otherwise be disruptive or destructive by providing us with imaginary rather than real objects to vent those emotions on.

① We can stimulate our emotional experiences by engaging in devastating but imaginary art work.
② Art making is an outpouring of emotion and art appreciation is a reciprocal experience of the emotion outpoured.
③ We can eliminate our agitating emotions by expressing them in the form of art.
④ Art helps us accept a disturbing emotion in a real life and contributes to our mental or psychological well-being.

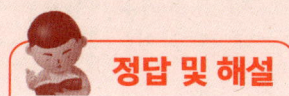

## 정답 및 해설

**038** 정답 ③

해석 졸업식 연설을 하도록 선택되어서 분명히 기뻤지만, Alex는 그럼에도 불구하고 대중들 앞에서 연설하는 것에 대해서 불안해 했다.

① Alex는 분명히 기뻤다, 왜냐하면 Alex는 졸업식 연설 하는 것을 간절히 바랐기 때문이다.
② Alex는 졸업식에서 연설하는 것에 대해 너무 불안해서 기뻐 보이지 않았다.
③ 즐겁기도 하지만 염려도 되면서, Alex는 졸업식에서 연설하는 것에 대해서 상충하는 감정을 느꼈다.
④ Alex가 졸업식에서 연설하기로 선택이 되었을 때, Alex는 행복할 뿐만 아니라 간절히 대중들 앞에서 연설하고 싶어 했다.

중요어휘 **commencement address** 졸업 연설  **nonetheless** 그럼에도 불구하고

**039** 정답 ③

해석 여행 문헌은 쉽게 분류할 수 없으며, (이를 분류하려는) 어떠한 시도라도 깔끔한 분류 틀은 정확성보다는 편의상의 문제일 수 있다는 점을 인정해야만 한다.

① 여행 문헌의 분류는 편리성과 정확성을 제공하지 않는 한 실용적이지 않다.
② 여행 문헌을 분류하는 것은 읽기가 얼마나 편리한지보다는 얼마나 정확한지에 대한 것이다.
③ 여행 문헌을 분류하는 것은 쉽지 않으며, 정확한 분류로 보이는 것도 편의상 행해졌을 수 있다.
④ 여행 문헌을 분류하는 것은 편리성과 정확성에 관한 복잡한 규칙을 포함하며, 이러한 조건을 만족하는 것은 별로 없다.

중요어휘 **literature** 문헌, 문학, 논문  **resist** 저항하다, 거부하다  **categorization** 범주화  **attempt** 시도  **admit** 인정하다  **neat** 단정한, 깔끔한  **convenience** 편리함  **impractical** 비실용적인  **accuracy** 정확성  **classify** 분류하다  **precise** 정확한  **arrangement** 배열, 정렬  **complicated** 복잡한

**040** 정답 ③

해석 예술은 우리에게 감정을 발산할 수 있는, 실제 사물이 아닌 상상의 대상을 제공함으로써 그렇지 않으면 지장을 주거나 파괴적일 수 있을 감정들을 제거할 수 있도록 해준다.

① 우리는 파괴적이지만 상상의 예술 작업에 종사하며 감성적 경험을 자극할 수 있다.
② 예술 창작은 감정의 분출이고 예술 감상은 분출된 감정의 상호적 경험이다.
③ 우리는 예술의 형식으로 불안한 감정을 표현함으로써 그 감정을 제거할 수 있다.
④ 예술은 우리가 실생활에서 불안한 감정을 받아들이도록 도와주고 우리의 정신 또는 심리적 행복에 기여한다.

중요어휘 **disruptive** 파괴적인, 지장을 주는  **rid A of B** A에게서 B를 빼앗다, 없애다  **devastating** 파괴적인  **reciprocal** 상호호혜적인  **appreciation** 감상, 감사  **eliminate** 제거하다  **agitate** 동요하게 만들다  **disturb** 방해하다  **vent** 감정을 분출하다

2024 김수환 구문독해 Signature Plus

# PART 03

## 논리적 사고 훈련

# PART 03 논리적 사고 훈련

**선택지**

**001.**
① export food
② carry on international trade
③ collect high tariffs
④ invest in foreign factories

**002.**
① create more profits
② bring people together
③ guarantee private space
④ sell a variety of coffee

**003.**
① participatory
② theological
③ compact
④ strict

**004.**
① balanced
② awkward
③ superior
④ excellent

**005.**
① lose
② like
③ begin
④ bring

[001~040] 다음 빈칸에 들어갈 말을 고르시오.

**001**  Every day we use many things made in our own country from raw materials that are imported. Other countries have mineral and vegetable products that we do not have, and we have some that they cannot supply for themselves. Some of our factories would have to close if we were not able to _____.

**002**  Osmond noticed that the ward, like railway waiting rooms, was arranged to keep people apart. Nurses preferred this space arrangement because it was easier to manage. But Osmond changed it into a different setting, like a French sidewalk cafe, which tended to _____.

**003**  The first philosophical style of explanation is the one selected by Plato in his Dialogues. The style is conversational; a number of men discuss a subject with Socrates; Socrates begins with a series of questions and comments that help to explain the subject. This style is _____, that is, it allows the reader to discover things for himself.

**004**  Baseball pitchers are using sun cream not only to prevent burning and skin cancer but also to get a better grip on the ball so as to throw faster. However, sometimes it makes the pitchers throw more _____ deliveries.

**005**  One of the most difficult lessons to learn in painting is when to stop. In overworking, not only will your painting lose its spontaneity and freshness, but you may very well find that you _____ the painting altogether.

## 정답 및 해설

**001** 정답 ②

해설 매일 우리는 해외에서 수입한 원자재로 우리나라에서 만든 많은 물건을 사용한다. 다른 국가들은 우리가 가지고 있지 않은 미네랄과 농산품을 가지고 있고, 우리는 다른 국가가 자급자족할 수 없는 것을 가지고 있다. 만약 우리가 국제 무역을 할 수 없다면 우리 공장 일부가 문을 닫을 것이다.

① 식량을 수출하다  ② 국제 무역을 지속하다  ③ 높은 관세를 징수하다  ④ 외국 공장에 투자하다

중요어휘 raw material 원자재  import 수입하다  supply 공급하다  factory 공장  tariff 관세  invest 투자하다

**002** 정답 ②

해설 Osmond는 병동이 기차역 대기실처럼 사람들을 분리시키도록 배열되어 있다는 것을 알아차렸다. 간호사들은 이런 배열 방식을 선호했는데, 왜냐하면 관리하기가 더 수월했기 때문이다. 하지만 Osmond는 프랑스 길가에 있는 커피숍과 같이, 사람들을 한 곳에 모으는 경향이 있었던 다른 배치로 병동을 바꾸었다.

① 더 많은 수익을 창출하다  ② 사람들을 한 곳으로 모으다  ③ 개인적인 공간을 보장하다  ④ 다양한 커피를 판매하다

중요어휘 ward 병동  arrange 배열하다, 정돈하다

**003** 정답 ①

해설 최초의 철학적 설명 방식은 Plato가 자신의 대화에서 선택한 방식이다. 그 방식은 대화이다. 수많은 사람이 한 주제를 가지고 Socrates와 토론을 한다. Socrates가 그 주제를 설명하는 데 도움을 주는 연속적인 질문과 말로 시작한다. 이런 방식은 참여하는 형태이며, 즉, 이 방식은 독자가 스스로 무언가를 발견하게 만드는 방식이다.

① 참여하는  ② 신학적인  ③ 소형의  ④ 엄격한

중요어휘 philosophical 철학적인  explanation 설명  discuss 논의하다  theological 신학적인  strict 엄격한

**004** 정답 ②

해설 야구 투수들은 화상이나 피부암을 방지하기 위해서 뿐만 아니라 빠른 공을 던지기 위한 공의 그립감을 높이기 위해서 선크림을 사용한다. 그러나, 선크림은 때때로 투수들이 공을 어색하게 던지게 만든다.

① 균형 잡힌  ② 어색한  ③ 우월한  ④ 뛰어난

중요어휘 get a grip on ~을 꼭 쥐다  awkward 서투른, 어색한

**005** 정답 ①

해설 그림을 그릴 때 배워야 할 가장 어려운 일 가운데 하나는 언제 그만 그리느냐는 것이다. 지나치게 많이 그리게 되면, 그림이 자연스러움과 신선함을 잃을 뿐만 아니라, 그림을 통째로 잃게 된다는 것을 알게 될 것이다.

① 잃다  ② 좋아하다  ③ 시작하다  ④ 가져오다

중요어휘 spontaneity 자발성, 자연스러움

## 선택지

**006.**
① peers
② gods
③ chiefs
④ parents

**007.**
① dug
② irrigated
③ cultivated
④ fertilized

**008.**
① bold
② strong
③ frightened
④ prudent

**009.**
① community
② vigorous outdoor sports
③ biological perpetuation
④ fierce warfare

**010.**
① skip every meal
② reduce food consumption
③ exercise
④ increase food consumption

---

**006** Primitive man believed in the existence of supernatural beings who had great power in the determination of his fate. Therefore, he tried to conduct himself in such a way as to please his _____.

**007** Rice requires a great deal of water in order to grow. In most rice-growing regions the rainfall does not provide sufficient moisture for the crop. The rice fields must be _____.

**008** Mountain-climbing involves many risks, and the climber must be alert at all times. Reckless climbers soon meet with an accident. The job is really one for a man who is _____.

**009** Man is one of the most formidable of all animals and the only one who persistently chooses to attack his own species. Throughout history, he has never, except for short periods of time, dispensed with _____.

**010** That the essential cause of obesity is overeating is so well-established that it seems hardly necessary to point out that the effective and safe method for taking off excess weight is to _____.

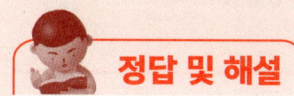

## 정답 및 해설

**006** 정답 ②
해석 원시인은 자신의 운명을 결정하는 데 있어 큰 힘을 가진 초자연적인 존재가 실제로 있다고 믿었다. 그래서 그는 스스로 그의 <u>신들</u>을 즐겁게 하기 위한 방식으로 행동하려 노력했다.
① 동료  ② 신  ③ 추장, 족장  ④ 부모
중요어휘 primitive 원시적인  supernatural 초자연적인  being 존재  determination 결정  fate 운명  conduct 행동하다  please 기쁘게 하다

**007** 정답 ②
해석 벼는 자라기 위해 많은 물이 필요하다. 대부분의 벼를 재배하는 지역에서는 비가 벼에게 충분한 수분을 제공해 주지 못한다. 그래서 논에 <u>물을 대주어야</u> 한다.
① 땅을 파다  ② 물을 대다  ③ 수확하다  ④ 비료를 주다
중요어휘 a great deal of 상당한  region 지역  rainfall 강우  sufficient 충분한  moisture 수분

**008** 정답 ④
해석 등산에는 많은 위험이 따르고, 등산하는 사람은 언제나 정신을 바짝 차려야 한다. 무모하게 산에 오르는 사람은 곧 사고를 당한다. 등산은 정말이지 <u>신중한</u> 사람을 위한 것이다.
① 용기 있는  ② 강한  ③ 무서운  ④ 신중한
중요어휘 alert 경계하는  reckless 무모한

**009** 정답 ④
해석 인간은 모든 동물 가운데에서 가장 무서운 것 중에 하나이며, 끊임없이 자기 자신의 종족을 공격하기를 좋아하는 유일한 동물이다. 역사를 통틀어, 짧은 기간을 제외하고, 한 번도 <u>치열한 전쟁</u>이 없이 그가 살아온 적이 없었다.
① 공동체  ② 활기찬 외부 스포츠  ③ 생물학적인 영속화  ④ 치열한 전쟁
중요어휘 formidable 가공할만한, 무서운  persistently 끊임없이  except for ~을 제외한  dispense with ~ 없이 지내다, 없애다

**010** 정답 ②
해석 비만의 주된 원인은 과식이라는 것은 매우 잘 알려져 있으므로, 과다한 체중을 줄이는 효과적이고 안전한 방법은 <u>음식의 섭취를 줄이는</u> 것임은 굳이 지적할 필요가 없을 것 같다.
① 모든 끼니를 거르다  ② 음식 섭취를 줄이다  ③ 운동하다  ④ 음식 섭취를 늘리다
중요어휘 essential 필수적인  cause 원인  obesity 비만  overeating 과식  well-established 확립된  point out 지적하다  take off weight 살을 빼다  excess 과잉, 초과

## 선택지

**011.**
① merged
② cooperative
③ profitable
④ antagonistic

**012.**
① aware of
② ashamed of
③ independent of
④ proud of

**013.**
① seemingly irreversible
② surprisingly bridgeable
③ in fact insurmountable
④ constantly widening

**014.**
① determine his own actions
② exist in a separate realm
③ follow nature's laws
④ conquer nature's laws

**015.**
① disagreement
② crises
③ ridicule
④ predicaments

---

**011** For more than a decade, the U.S. and Asia have been growing more economically interdependent but simultaneously more _____. Worryingly, the global financial crisis deepened the *fault lines. In this post-crisis era, the two may end up more divided than united.

*fault line: 단층선

**012** Emerson's faith was not in machinery but in man thinking, whereas we today are _____ machines that think, and suspicious of any man who tries to.

**013** Gender gaps in education have proved to be _____, at least when it comes to girls. The remarkable progress of girls in academic achievement and higher education over the last 30 years demonstrates that their delays and difficulties were not inevitable.

**014** Many writers seem to believe that man is an exception to the order of nature, for they picture his actions as being determined only by himself. But they are in error, for man is a part of nature and hence must _____.

**015** When USA Today first hit the newsstands, it gave rise to conflicting responses. The short articles, combined with the colorful graphics and news *tidbits from all over the country, brought _____ along with the acclaim.

*tidbit: 토막뉴스

## 정답 및 해설

**011** 정답 ④

해석 10년 이상 미국과 아시아는 경제적으로 보다 상호 의존적이지만 동시에 보다 **적대적인** 관계가 되어 가고 있다. 걱정스럽게도 세계 경제 위기는 이러한 단층선을 심화시켰다. 이러한 (경제) 위기 이후의 시대에 미국과 아시아는 단결되기보다는 더 분열될 수 있다.

① 합병된 ② 협력하는 ③ 수익이 되는 ④ 적대적인

중요어휘 decade 10년   interdependent 상호 의존적인   simultaneouslsy 동시에   crisis 위기   post-crisis 위기 이후   era 시대   end up 결국에는 ~하게 되다   divide 나누다   unite 연합하다

**012** 정답 ④

해석 Emerson의 믿음은 기계가 아니라 생각하는 인간에게 있었다. 반면에 우리는 오늘날 생각하는 기계에 대해서는 **자랑스러워 하고**, 생각하려는 사람에 대해서는 의심한다.

① 인식하는 ② 수치스러워하는 ③ 독립적인, 별개의 ④ 자랑스러워하는

중요어휘 faith 신뢰, 믿음   whereas 반면에   suspicious 의심하는

**013** 정답 ②

해석 교육에서 성 차이는 **놀라울 만큼 좁힐 수 있는** 것이라고 입증되었고, 적어도 여학생들의 경우는 그렇다. 지난 30년간 학업 성취와 고등교육에 있어서 여학생들이 거둔 놀라운 발전은 그들이 겪는 (학업) 부진과 어려움이 필연적인 것이 아니었음을 증명해준다.

① 겉으로 보기에 돌이킬 수 없는 ② 놀라울 정도로 좁힐 수 있는
③ 실제로 극복할 수 없는 ④ 끊임없이 간격이 벌어지는

중요어휘 gender gap 성별 격차   at least 최소한   irreversible 돌이킬 수 없는   demonstrate 보여주다   delay 지연   inevitable 불가피한   bridgeable 좁힐 수 있는   insurmountable 극복할 수 없는

**014** 정답 ③

해석 많은 글 쓰는 사람들은 사람이 자연의 질서에 예외적인 존재라고 믿고 있는 것 같다, 왜냐하면 그들은 사람의 행동이 오로지 자기 자신에 의해서 결정되는 것으로 묘사하기 때문이다. 그러나 그들은 잘못 속에 빠져 있다, 왜냐하면 사람은 자연의 일부이고, 따라서 **자연의 법칙을 따라야** 하기 때문이다.

① 자신의 행동을 결정하다 ② 별도의 영역에 존재하다 ③ 자연의 법칙을 따르다 ④ 자연의 법칙을 정복하다

중요어휘 exception 예외   order 질서, 순서   picture 상상하다   determine 결정하다   error 실수, 오류   hence 그러므로   separate 분리된   realm 영역   conquer 정복하다

**015** 정답 ③

해석 USA Today가 처음 신문 가판대에 올랐을 때, 그것은 상충된 반응을 일으켰다. 다채로운 사진과 재미있는 이야기가 합쳐진 짧은 기사들은 전 세계적으로 찬사와 함께 **조롱**을 불러왔다.

① 불일치 ② 위기 ③ 조롱 ④ 곤경

중요어휘 hit the newstands 신문 가판대에 오르다   give rise to ~으로 이어지다, 야기하다   article 기사   acclaim 찬사   ridicule 조롱   predicament 곤경

PART 03 | 논리적 사고 훈련   125

## 선택지

**016.**
① many stars come into view
② constellations dissolve
③ clusters begin to take shape
④ every star becomes distinct

**017.**
① reproach
② acclaim
③ complement
④ tolerance

**018.**
① exactly how poor it is
② what good writing is
③ why it is poor
④ who wrote it

**019.**
① permanent
② mysterious
③ apparent
④ abnormal

**020.**
① books
② houses
③ professors
④ computers

---

**016** At first, each star separated from all the others. But, as one looks a little longer, _____, pairings appear, and groupings emerge.

**017** Although she never enjoyed more than modest critical _____ for her acting skills, she was highly respected for her charitable work.

**018** If we are to improve the quality of a piece of writing, we must do more than merely criticize it. We must explain why we criticize it. Inferior work is most effectively remedied when we know _____.

**019** Just why sleep is necessary still baffles researchers. It doesn't seem to be essential for health. Long periods of sleep deprivation may cause temporary disorientation, but the effects aren't _____.

**020** It has often been said that _____ do for us today what universities did in earlier ages. The knowledge that could be obtained only from the lips of a teacher five centuries ago can now be gathered from the printed pages.

## 정답 및 해설

**016** 정답 ③

해석 처음에는 별 하나하나가 모든 다른 별들로부터 떨어져 있는 것처럼 보인다. 그러나 좀 더 오랫동안 관찰해보면 무리들이 형태를 갖추기 시작하고 짝이 나타나며 집단이 보이게 된다.
① 많은 별들이 시야에 들어온다  ② 별자리가 해체된다
③ 무리들이 형태를 갖추기 시작한다  ④ 모든 별이 뚜렷해진다

중요어휘 separate 분리되다  come into view 보이다  constellation 별자리  dissolve 용해되다, 분리되다  cluster 덩어리
distinct 분명한, 명확한

**017** 정답 ②

해석 그녀는 연기력에 대해서는 비평가들의 그리 크지 않은 찬사밖에 받아 오지 못했지만, 그녀의 자선 활동에 대해서는 높은 존경을 받았다.
① 훈계  ② 찬사  ③ 보완  ④ 용납

중요어휘 modest 겸손한, 크지 않은  charitable 자선의  reproach 훈계  acclaim 찬사  complement 보완
tolerance 관용, 용납

**018** 정답 ③

해석 한 편의 글의 질을 더 좋게 고치려면, 우리는 단순한 비판 이상의 것을 해야 한다. 우리는 왜 그것을 비판하는지를 설명해야 한다. 질이 떨어지는 글은 왜 그것이 좋지 않은지를 우리가 알고 있을 때에 가장 효과적으로 고쳐진다.
① 정확히 얼마나 형편없는지  ② 훌륭한 글쓰기가 무엇인지  ③ 왜 그것이 좋지 않은지  ④ 누가 그것을 썼는지

중요어휘 improve 향상시키다  merely 단지  criticize 비난하다  inferior 열등한  remedy 고치다, 치료하다

**019** 정답 ①

해석 바로 어떤 이유 때문에 잠이 필요한지를 아직도 학자들은 이해하지 못하고 있다. 그것은 건강에 필요불가결한 것 같지 않다. 장기간의 수면 부족은 일시적인 방향 감각 상실을 일으킬 있으나, 그 영향은 영구적이 아니다.
① 영구적인  ② 알 수 없는  ③ 분명한  ④ 비정상적인

중요어휘 baffle 이해할 수 없다, 당황하게 하다, 좌절시키다  sleep deprivation 수면부족  temporary 일시적인
disorientation 방향 감각 상실  permanent 영구적인  apparent 분명한  abnormal 비정상적인

**020** 정답 ①

해석 사람들이 말하길 초기에 대학이 했던 것을 요즘에는 책들이 해준다고 한다. 5세기 전에는 선생님의 입을 통해서만 습득될 수 있었던 지식이 이제는 인쇄된 페이지를 통해서 습득될 수 있다.
① 책들  ② 집들  ③ 교수들  ④ 컴퓨터들

중요어휘 obtain 습득하다, 얻다  gather 모으다

## 선택지

**021**
① hope
② truth
③ future
④ experience

**022.**
① clear and precise
② like his talk
③ interesting to read
④ widely known

**023.**
① be boring and monotonous
② go along as planned
③ produce the same sound
④ sound a little different

**024.**
① friendly
② improper
③ impartial
④ complimentary

**025.**
① persecuted
② rewarded
③ right
④ conformists

**021** We have no way to judge the future except by the past. Our vision into the future is dim but we have some light from the lamp of _____.

**022** The average person expresses himself differently in writing and speaking. With proper practice the difference can be overcome, and one's writing will become more _____.

**023** Improvisation is an important part of jazz. This means that the musicians make the music up as they go along, or create the music on the spot. This is why a jazz song might _____ each time it is played.

**024** A supervisor may overlook an occasional breach of good manners. Under stress, a worker might understandably make a(n) _____ remark. However, a worker who continues to harass others would cause more serious trouble.

**025** It has always been dangerous to teach men new ideas contrary to those which are generally accepted. The first men who taught that the earth is round were _____.

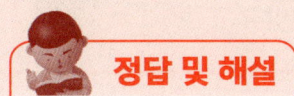# 정답 및 해설

## 021 정답 ④
해석 우리에게는 과거에 의하지 않고 미래를 판단할 방법이 없다. 미래에 대한 우리의 투시는 희미하지만 **경험**이라는 등불로부터 약간의 빛을 받고 있다.
① 희망   ② 진실   ③ 미래   ④ 경험

중요어휘 judge 판단하다   dim 흐릿한

## 022 정답 ②
해석 보통 사람은 자신을 글로 나타낼 때와 말로 나타낼 때에 다르게 표현한다. 바르게 연습하면 이런 차이는 극복될 수 있으므로, 자신이 쓰는 글이 **말과 더욱 비슷하게** 될 것이다.
① 명료하고 정확한   ② 그의 말과 비슷한   ③ 읽기에 재밌는   ④ 널리 알려진

중요어휘 proper 적절한   overcome 극복하다   precise 정확한

## 023 정답 ④
해석 즉흥 연주는 재즈에 있어서 중요한 부분이다. 즉흥 연주는 연주자들이 연주를 해나가면서 음악을 만들어가거나, 혹은 즉흥적으로 음악을 창조해낸다는 것을 의미한다. 그렇기 때문에 재즈곡은 연주될 때마다 매번 **약간 다르게 들리는** 것이다.
① 지루하고 단조롭다   ② 계획된대로 나아가다   ③ 똑같은 소리를 만들어내다   ④ 약간 다르게 들리다

중요어휘 improvisation 즉흥   make up 만들어내다   on the spot 현장에서 즉시   monotonous 지루한, 단조로운

## 024 정답 ②
해석 관리자는 수시로 일어나는 **부적절한** 행동들을 못 본 척 지나쳐 버릴지도 모른다. 스트레스를 받은 사원이 부적절한 말을 할 수도 있다는 것은 이해할만한 일이다. 그러나 계속해서 다른 사람들을 괴롭히는 사원은 더 심각한 문제를 야기할 수 있다.
① 다정한   ② 부적절한   ③ 객관적인   ④ 칭찬하는

중요어휘 supervisor 감독   overlook 간과하다   breach 위반   harass 괴롭히다   improper 타당하지 않은
impartial 객관적인, 공정한   complimentary 칭찬의, 무료의

## 025 정답 ①
해석 사람들에게 일반적으로 받아들여지고 있는 것과 반대되는 새로운 생각을 가르치는 것은 언제나 위험한 일이었다. 처음으로 지구가 둥글다고 가르친 사람들은 **박해를 당했다**.
① 박해를 당하다   ② 보상받다   ③ 올바른   ④ 순응주의자들

중요어휘 contrary to ~와 대조적인   persecute 박해하다   conformist 순응주의자

PART 03 | 논리적 사고 훈련   129

## 선택지

**026.**
① hastily
② speedily
③ timely
④ carefully

**027.**
① proximity to land
② geographic location
③ climate conditions
④ forms of life

**028.**
① something worthwhile from the past
② something worthless from the present
③ nothing worthwhile from the present
④ nothing worthwhile from the past

**029.**
① validity
② interest
③ importance
④ popularity

**030.**
① recreation
② religion
③ books
④ education

---

**026** Our common mistake is spending ourselves on what is below the value of the time it requires. Many a book may be worth reading rapidly so as to get the few important facts which it contains, and yet be by no means worth reading _____.

**027** The deep sea is very cold. Its temperature is very uniform throughout the year, regardless of geographic location. Different regions of the deep sea do not differ from each other in their _____.

**028** People who scorn the study of the past and its works usually assume that the past is entirely different from the present, and that hence we can learn _____.

**029** Love of truth is the core of this man's philosophy. He is always ready to revise his views when presented with adequate evidence of their lack of _____.

**030** Little Indian girls learned from their mothers to cook and to make clothing. Boys learned from their fathers how to fish, hunt, and fight. They did not have schools where they learned to read and write, but we cannot say that they had no _____.

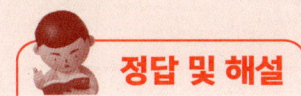

## 정답 및 해설

**026** 정답 ④
해석 우리가 흔히 저지르는 실수는 그것이 요구하는 시간보다 가치가 적은 일에 우리 자신을 낭비하는 것이다. 많은 책들이 그 속에 들어 있는 몇 가지 중요한 사실을 얻기 위해 빨리 읽을 가치가 있을지는 모르나, 꼼꼼하게 읽을 가치는 결코 없을 것 같다.
① 서둘러서  ② 빠르게  ③ 시기적절하게  ④ 꼼꼼하게
중요어휘 rapidly 빠르게  contain 포함하다  by no means 결코 ~하지 않다  hastily 급하게  timely 시기적절한

**027** 정답 ③
해석 깊은 바다는 매우 차갑다. 그곳의 온도는 지리적인 위치에 관계없이 연중 매우 한결같다. 깊은 바다의 서로 다른 지역은 그 기후적인 조건에 있어서 서로 다르지 않다.
① 육지와의 근접성  ② 지리적인 위치  ③ 기후적인 조건  ④ 생명의 형태
중요어휘 uniform 획일적인, 일정한  regardless of ~와 무관하게  geographic 지리적인  differ 다르다  proximity 근접성  climate 기후

**028** 정답 ④
해석 과거와 과거의 작품들에 대한 연구를 경멸하는 사람은 흔히 과거는 현재와 전적으로 다르며 그러므로 우리는 과거로부터 가치 있는 것을 아무 것도 배울 수 없다고 여긴다.
① 과거로부터 가치 있는 무언가  ② 현재로부터 가치 없는 무언가
③ 현재로부터 가치 있는 것을 아무것도  ④ 과거로부터 가치 있는 것을 아무것도
중요어휘 scorn 경멸하다  assume 생각하다, 추정하다  worthwhile 가치 있는  worthless 가치 없는

**029** 정답 ①
해석 진리에 대한 사랑이 이 사람의 철학의 핵심이다. 그는 자신의 견해가 타당성이 부족하다는 충분한 증거가 제시되면 언제나 자신의 견해를 바꿀 준비가 되어 있다.
① 타당성  ② 이익  ③ 중요성  ④ 인기
중요어휘 core 핵심  philosophy 철학  revise 개정하다, 수정하다  present 제공하다  adequate 충분한  evidence 증거  validity 타당성

**030** 정답 ④
해석 인디언 소녀들은 어머니로부터 요리하는 것과 옷 만드는 것을 배웠다. 소년들은 아버지로부터 고기를 잡고, 사냥하고, 싸우는 법을 배웠다. 그들에게는 읽기와 쓰기를 배우는 학교가 없었으나, 우리는 그들이 교육을 받지 않았다고는 말할 수 없다.
① 레크리에이션  ② 종교  ③ 책  ④ 교육
중요어휘 religion 종교

## 선택지

**031.**
① continue unimpeded
② come to a halt
③ trigger compassion
④ arouse antipathy

**032.**
① ugliness
② elegance
③ strength
④ possibilities

**033.**
① humor
② conflict
③ oneness
④ inferiority

**034.**
① political apathy
② national antipathy
③ economic recession
④ political collapse

**035.**
① esteem
② glorify
③ respect
④ desecrate

---

**031** Despite the forced lay-off of about 160 staff due to budget constraints, operations of the office for the United Nations High Commissioner for Refugees(UNHCR) in Pakistan were likely to _____, an aid official said on Thursday. UNHCR operations in Pakistan, which include assisting the voluntary *repatriation of Afghan refugees to their homeland from camps in the North West Frontier Province(NWFP) and Balochistan which border war-ravaged Afghanistan, would not be affected.

**032** There are those who say that the Industrial Revolution left a world that is hopelessly unattractive and uninspiring. According to them, the modern artist is faced with a difficult choice: either he must retreat into a world of fantasy or he must face the real world and allow his art to reflect its _____.

**033** Contradictory as it may seem, the Celts are unconcerned with political unity, even though racially, linguistically, and sentimentally they have a decided sense of _____.

**034** This term is defined as an indifference toward politics and political activities or events on behalf of a citizen of a country. It does not matter what your citizenship, nationality or social standing is; if you demonstrate a disinterest in politics and political manners, you are exhibiting _____.

**035** Most Koreans don't want anyone to _____ their flag, their national anthem, or their monuments — anything that has special, emotional significance to them. Those things have been worshipped over time in our culture.

# 정답 및 해설

**031** 정답 ①

해석 예산 압박 때문에 160여 명의 직원을 강제적으로 해고했음에도 불구하고, 국제연합 난민 고등판무관 사무소(UNHCR)의 파키스탄에서의 운영은 **방해받지 않고 지속될** 것 같다고 한 관계자가 목요일에 말했다. 파키스탄에서의 UNHCR의 운영은, 북서국경주(NWFP)에 있는 난민 캠프나 전쟁으로 황폐화가 된 아프가니스탄의 국경에 인접한 Balochistan에서 아프가니스탄 난민의 자발적인 본국 송환을 돕는 것을 포함하는데, 그런 운영은 영향받지 않을 것이다.

① 방해받지 않고 지속되다  ② 중단되다  ③ 열정을 유발하다  ④ 반감을 불러일으키다

중요어휘 **lay-off** 해고  **due to** ~ 때문에  **budget** 예산  **constraint** 제약  **operation** 운영, 작업  **voluntary** 자발적인  **repatriation** 송환  **war-ravaged** 전쟁으로 폐허가 된  **unimpeded** 방해받지 않은  **halt** 중단  **trigger** 유발하다  **compassion** 동정, 연민  **arouse** (감정을) 불러일으키다  **antipathy** 반감

**032** 정답 ①

해석 산업혁명이 절망적으로 매력 없고 평범한 세상을 남겨놓았다고 말하는 사람들이 있다. 그들은 현대의 예술가가 어려운 선택에 직면해 있다고 말하는데, 그것은 그(예술가)가 자신들만의 공상의 세계 속으로 물러나느냐 아니면 현실 세계와 맞서서 자신의 예술이 현실 세상의 **추악함**을 반영하도록 해야 하느냐 하는 것이다.

① 추악함  ② 우아함  ③ 힘  ④ 가능성

중요어휘 **hopelessly** 절망적으로  **uninspiring** 흥미롭지 못한, 시시한  **retreat** 후퇴하다  **reflect** 반영하다  **ugliness** 추악함

**033** 정답 ③

해석 상반되는 것처럼 보일지라도, 켈트족들은 인종적으로, 언어적으로, 그리고 감정적으로는 확고한 **단일성**의 의식을 갖고 있지만, 정치적 통일에는 관심이 없다.

① 유머  ② 갈등  ③ 단일성  ④ 열등감

중요어휘 **contradictory** 모순적인  **be unconcerned with** ~에 관심이 없다  **unity** 통합  **racially** 인종적으로  **linguistically** 언어적으로  **sentimentally** 정서적으로  **conflict** 충돌, 갈등  **oneness** 단일성  **inferiority** 열등(감)

**034** 정답 ①

해석 이 용어는 한 국가의 시민을 대표해서 정치와 정치적 활동이나 사건에 대한 무관심으로 정의된다. 당신의 시민권, 국적 혹은 사회적 위치가 무엇인지는 중요하지 않다. 만약 당신이 정치와 정치적인 방식에 무관심을 보인다면, 당신은 **정치적 무관심**을 표출하는 것이다.

① 정치적 무관심  ② 국가적 반감  ③ 경제적 후퇴  ④ 정치적 붕괴

중요어휘 **define** 정의하다  **indifference** 무관심  **on behalf of** ~을 대표해서  **social standing** 사회적 지위  **demonstrate** 보여주다  **disinterest** 무관심  **exhibit** 보여주다  **apathy** 무관심  **recession** 후퇴, 침체  **collapse** 붕괴

**035** 정답 ④

해석 대부분의 한국 사람들은 우리의 태극기나 애국가, 혹은 기념물, 즉 우리에게 특별하고 정서적인 중요성을 가지는 것들을 **모독하는** 누구라도 원치 않는다. 그러한 것들은 우리의 문화 속에서 오랫동안 신성시되어 온 것들이다.

① 존경하다  ② 미화시키다  ③ 존경하다  ④ 모독하다

중요어휘 **national anthem** 애국가  **monument** 기념비  **significance** 중요성  **worship** 숭배하다  **esteem** 존경하다, 존중하다  **glorify** 미화하다  **desecrate** 모독하다

## 선택지

**036.**
① the death penalty increases crime
② the death penalty cannot prevent crime
③ the death penalty discourages crime
④ the death penalty is not related to crime

**037.**
① something to say
② elaborate style
③ a complex purpose
④ insignificant content

**038.**
① ask him to go
② point to the door
③ say nothing at all
④ get up and go out

**039.**
① proof
② God
③ goodness
④ evil

**040.**
① help the student learn more
② separate the student from society
③ confine the student to the classroom
④ connect between the student and society

---

**036** The great majority of these statistical comparisons indicate that the presence or absence of death penalty does not visibly influence the rate of murder. Opponents of this punishment maintain that these studies deny the argument that _____.

**037** Both content and style are essential to good poetry. A good subject does not guarantee a good poem, and an elaborate form is ridiculous in the absence of _____.

**038** Ideas can sometimes be communicated better by gestures than by words. It is much less effective to tell a person to leave the room than to _____.

**039** The existence of evil is a proof of the existence of God. If the world consisted wholly and uniquely of goodness and righteousness, there would be no need for God, for the world itself would be God. God is, because _____ is.

**040** Modern educational theory is based on the principle that what is taught in the schools should contribute to an understanding and appreciation by each student of the environment in which he will live and play his part. The school, in other words, seeks to _____.

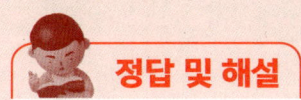
## 정답 및 해설

**036** 정답 ③

해석 대다수의 통계치를 비교해본 것에 따르면 사형 제도의 유무는 살인 비율에 커다란 영향을 끼치지 않는다는 것을 보여준다. 이 형벌의 반대론자들은 이런 연구가 **사형 제도가 범죄를 억제한다**는 주장을 반박한다고 말한다.

① 사형 제도가 범죄를 증가시킨다
② 사형 제도가 범죄를 예방할 수 없다
③ 사형 제도가 범죄를 억제한다
④ 사형 제도가 범죄와 연관이 없다

중요어휘 majority 다수  statistical 통계적인  comparison 비교  presence 존재  absence 부재  death penalty 사형 제도  visibly 눈에 띄게, 분명히  murder 살인  opponent 반대자  maintain 주장하다, 유지하다  deny 부인하다  argument 논쟁, 말다툼  be relate to ~와 연관이 있다

**037** 정답 ①

해석 내용과 형식은 둘 다 훌륭한 시에 필요불가결하다. 좋은 소재가 좋은 시를 보장해주지 않으며, 정교한 형식은 **말할 만한 무언가(즉, 콘텐츠)** 없는 경우에는 우스꽝스럽다.

① 말할만한 무언가
② 정교한 형식
③ 복잡한 목적
④ 중요하지 않은 내용

중요어휘 content 내용  subject 주제, 피실험자  guarantee 보장하다  elaborate 정교한  ridiculous 웃기는, 말도 안 되는  in the absence of ~이 없으면

**038** 정답 ②

해석 생각은 때로는 말에 의해서보다는 몸짓에 의해서 더 잘 전달될 수 있다. 어떤 사람에게 방에서 나가 달라고 얘기하는 것은 **문을 가리키는 것**보다 훨씬 덜 효과적이다.

① 그에게 가도록 요청하다
② 문을 가리키다
③ 아무 말도 하지 않다
④ 일어서서 나가다

중요어휘 communicate 전달하다

**039** 정답 ④

해석 악의 존재는 신이 존재한다는 증거이다. 만약 이 세계가 전체적으로 그리고 유일하게 선과 정당함으로만 구성되어 있다면, 신이 존재할 이유가 없다, 왜냐하면 이 세계 자체가 신이기 때문이다. **악**이 존재하기 때문에 신이 존재한다.

① 증거
② 신
③ 선
④ 악

중요어휘 existence 존재  consist of ~로 구성되다  wholly 완전히  uniquely 독특하게  goodness 선함  righteousness 정당함  proof 증거  evil 악

**040** 정답 ④

해석 현대 교육 이론은 학교에서 배우는 것은 학생이 살게 되고 자신의 역할을 하게 될 환경을 이해하는 것에 도움을 주어야 한다는 원리에 기반을 두고 있다. 다시 말해서, 학교는 **학생과 사회를 연결하려는** 노력을 한다.

① 학생이 더 배우도록 돕다
② 학생과 사회를 분리시키다
③ 학생을 교실에 제한시키다
④ 학생과 사회를 연결하다

중요어휘 principle 원리, 원칙  contribute to ~에 기여하다  appreciation 이해, 상승, 감사  separate A from B A를 B로부터 분리시키다  confine 제한하다

# MEMO